AF328337

PLANCHES

DU

GUIDE

DES GARDES NATIONALES

DE FRANCE,

RELATIVES AUX EXERCICES ET MANOEUVRES;

SUIVIES

De quatre Planches pour aider à la décomposition de toutes les parties de l'Armement et de l'Equipement.

PAR LE CHEF DE BATAILLON,

A. LALLEMAND.

A PARIS,

CHEZ MAGIMEL, ANSELIN ET POCHARD,

LIBRAIRES POUR L'ART MILITAIRE, RUE DAUPHINE, N°. 9.

1816.

EXPLICATION

DES PLANCHES

Relatives aux Exercices et aux Manœuvres des Gardes Nationales de France.

OBSERVATIONS GÉNÉRALES.

Sur toutes les planches et dans toutes les figures, le gros trait représente le premier rang.

Ce qui est ponctué, marque la position que la troupe occupoit avant le mouvement.

Ce qui est au trait et en blanc, représente la troupe après le premier mouvement.

Ce qui est au trait et haché, représente la troupe dans sa dernière position, ayant exécuté le mouvement, ou en chemin pour l'exécuter.

Les lignes marquées à points ronds, tracent le chemin que les troupes doivent parcourir pour passer d'une position à une autre.

Les lignes marquées à points longs ou par de petits traits, indiquent la ligne de direction sur laquelle les guides des pelotons doivent être dirigés.

1*

La lettre (c) représente les chefs de peloton, et sa position fait voir de quel côté ils font face.

Les petits carrés à la droite et à la gauche des pelotons, représentent les guides, et le gros trait fait voir de quel côté ils font face.

Le chef de légion, le lieutenant-colonel, le major et les chefs de bataillon sont par-tout représentés à cheval.

L'adjudant-major est représenté à pied avec une épée, et l'adjudant à pied avec une canne.

La flèche qu'on trouve dans plusieurs figures, indique le côté vers lequel on marche.

PLANCHE Ire

FIGURE 1.re

*Position du garde national sous les armes, repré-
senté en face.*

(*Voyez* l'École du garde national, *page* 4, n° 2.)

Nota. Les pieds forment un angle moins ouvert que l'é-
querre, parce que dans cette position, le poids du
corps se répartit sur toute la surface inférieure du
pied ; si les pieds étoient tournés plus en dehors,
la surface de la base diminueroit à proportion de
ce qu'ils se rapprocheroient de la ligne (*AB*), et
l'homme auroit moins d'aplomb : les genoux sont
tendus sans roideur, le corps est divisé en deux
parties égales par la ligne perpendiculaire (*CD*) ;
l'arme est droite, la position est exacte sans être
gênée.

FIGURE 2.

Position du garde national représenté en profil.

La ligne perpendiculaire (*CD*) passe derrière la
tête ; le haut du corps, qui donne l'impulsion
dans la marche, est en avant.

FIGURE 3.

Position du garde national en marchant.

(*Voyez* l'École du garde national, *page* 7, n° 22.)

Nota. L'homme est dessiné d'après nature, au moment
où, cessant de passer la jambe, il pose le pied à
terre.

PLANCHE Ire. (*Bis.*)

FIGURE 4,

Représente le garde national après avoir exécuté le premier temps de la charge précipitée.

(*Voyez* l'École du garde national, *page* 34, n° 62.)

FIGURE 5,

Représente le garde national après avoir exécuté le deuxième temps de la charge précipitée.

(*Voyez* l'École du garde national, *page* 36, n° 67.)

FIGURE 6,

Représente le garde national après avoir exécuté le troisième temps de la charge précipitée.

(*Voyez* l'École du garde national, *page* 37, n° 70.)

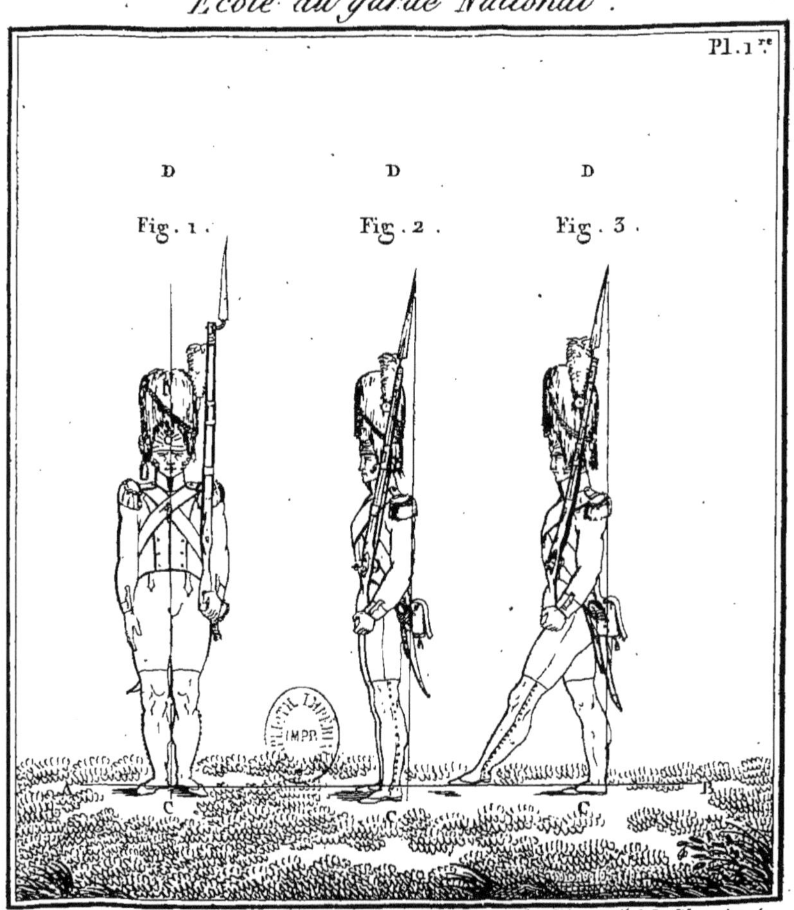

Voyez pour les Fig. 4. 5. 6 la Pl. suivante.

Re[illegible]

([illegible]

Re[illegible]

([illegible]

Re[illegible]

([illegible]

Ecole du garde National.

Pl. 1.re Bis

PLANCHE II.

Principes du pas oblique.

Cette planche démontre le mécanisme du pas oblique à droite : on voit que l'homme a posé son pied droit à dix-sept pouces à droite, et à dix-sept pouces en avant du talon gauche, ce qui porte sur la diagonale $(a\,b)$, que ce pied parcourt, à-peu-près à vingt-quatre pouces. Le pied gauche se porte ensuite de (a) en (c), à environ dix-sept pouces en avant du talon droit. La ligne $(a\,c)$ est d'environ trente-huit pouces.

(*Voyez* l'École du garde national, *page* 8, n° 28.)

PLANCHE II

Explication des figures.

(Extrait du procès-verbal.)

Ecole du garde National.

Pl. 2.

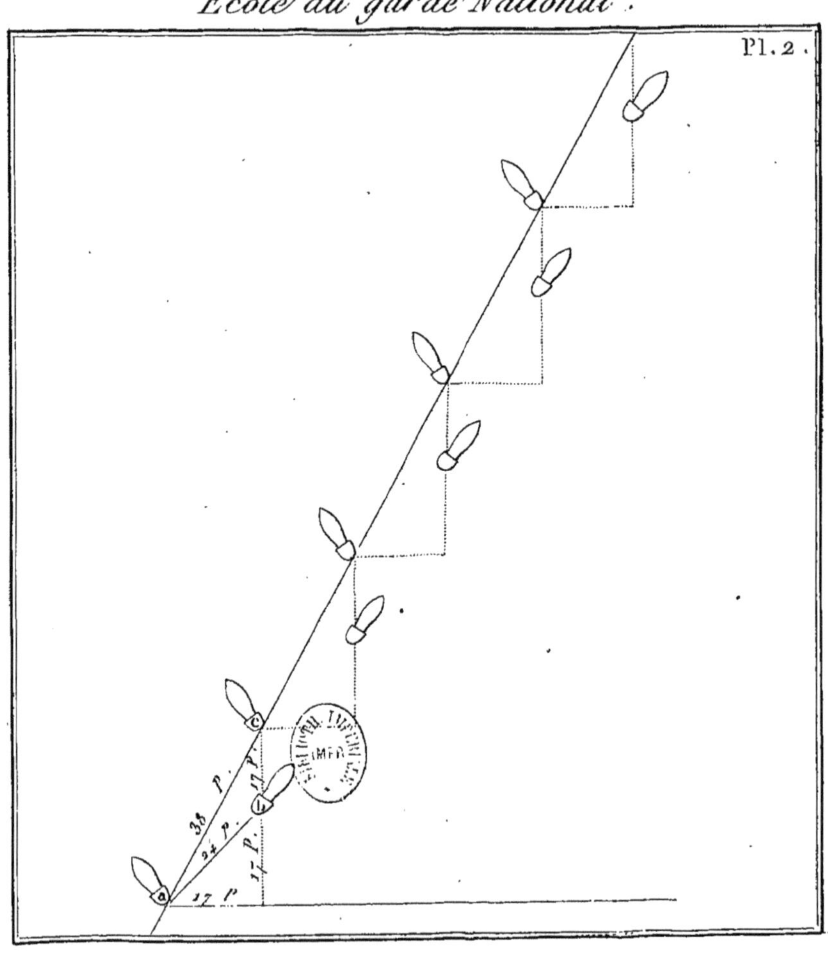

(9)

PLANCHE III.

FIGURE 1re,

*Représente le garde national du premier rang,
dans la position d'apprêtez vos armes.*

(*Voyez* l'École du garde national, *page* 41 , n° 77.)

FIGURE 2,

*Représente le garde national du second et du
troisième rang, dans la position d'apprêtez vos
armes.*

(*Voyez* l'École du garde national, *page* 43 , n° 79.)

FIGURE 3,

*Représente un sous-officier dans la position du
port d'armes.*

(*Voyez* 1re partie, chap. 2, 9e leçon, *page* 101.)

PLANCHE III. (*Bis.*)

FIGURE 4,

Représente le garde national du premier rang dans la position d'en joue.

(*Voyez* l'École du garde national , *page* 41 , n°81.)

FIGURE 5,

Représente le garde national du second rang dans la position d'en joue.

(*Voyez* l'École du garde national , *page* 44 , n° 81.)

FIGURE 6,

Représente le garde national du troisième rang dans la position d'en joue.

(*Voyez* l'École du garde national , *page* 46 , n° 82.)

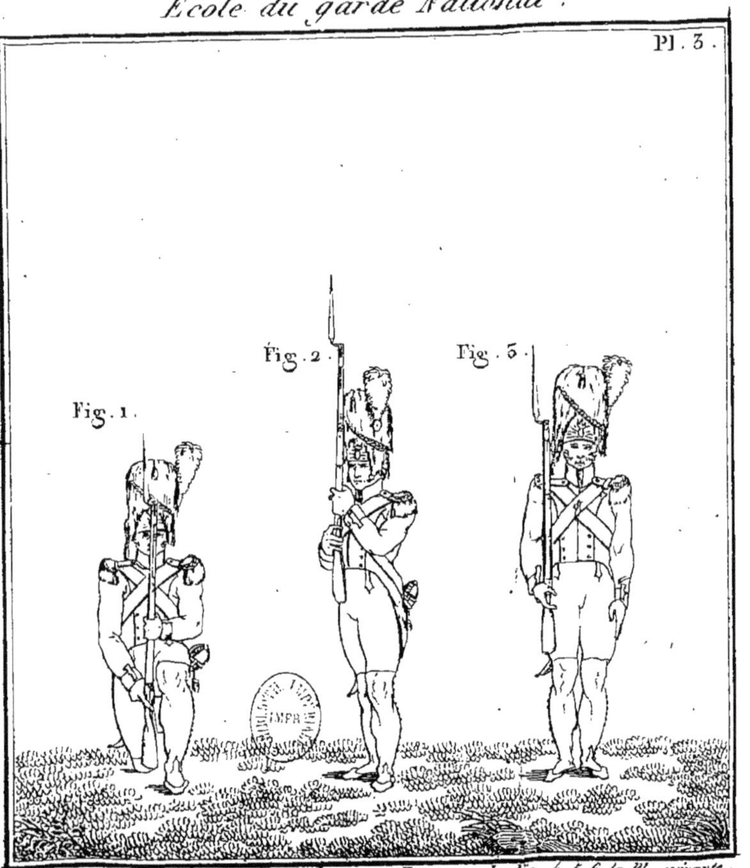

Ecole du garde National.
Pl. 3.
Fig. 1.
Fig. 2.
Fig. 3.
Voyez pour les Fig. 4. 5. 6. la Pl. suivante.

Ecole du garde National.

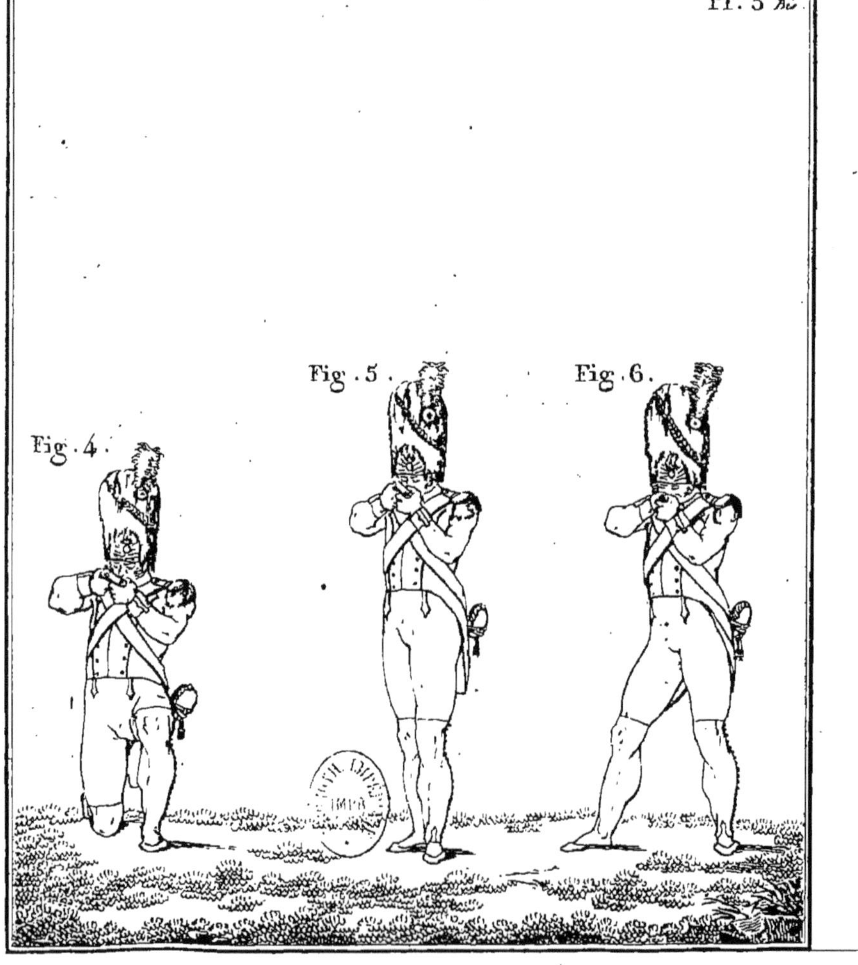

(11)

PLANCHE IV.

FIGURE 1re,

Représente la position des pieds des trois rangs dans le feu direct.

(*Voyez* l'École du garde national, *page* 47, n° 158.)

FIGURE 2,

Représente la position des pieds de chaque rang dans le feu oblique à droite.

(*Voyez* l'École du garde national, *pag.* 48, n° 160 et suiv.)

FIGURE 3,

Représente la position des pieds de chaque rang dans le feu oblique à gauche.

(*Voyez* l'École du garde national, *pag.* 48, n° 166 et suiv.)

FIGURE 4,

Représente la position des pieds de chaque rang dans le feu de rang.

(*Voyez* l'École du garde nationale, *page* 52.)

PLANCHE IV.

FIGURE 1re.

FIGURE 2e.

FIGURE 3e.

FIGURE 4e.

Ecole du garde National.

Fig. 1.

Fig. 3.

Pl. 4.

Fig. 2.

Fig. 4.

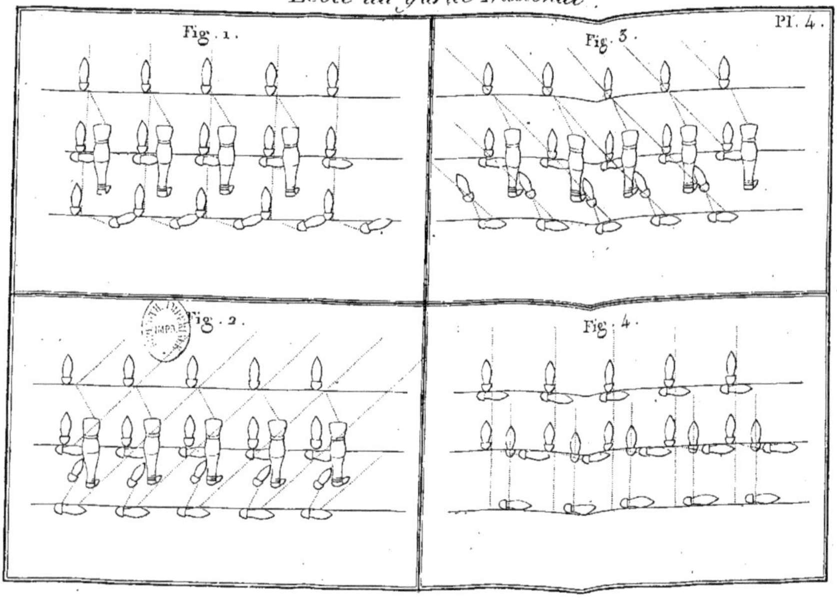

(13)

PLANCHE V.

FIGURE 1re,

Représente le garde national reposé sur les armes.
(*Voyez* l'École du garde national, *page* 31, n° 94.)

FIGURE 2,

Représente le garde national les armes présentées.
(*Voyez* l'École du garde national, *page* 54, n° 97.)

FIGURE 3,

Représente le garde national ayant l'arme au bras.
(*Voyez* l'École du garde national, *page* 61, n° 117.)

PLANCHE V. (*Bis.*)

FIGURE 4,

Représente les trois rangs croisant la baïonnette.

(*Voyez* l'École du garde national, *page* 65, n° 135.)

FIGURE 5,

Représente le garde national en marche ayant l'arme dans la main droite.

(*Voyez* l'École du garde national, *page* 66, n° 140.)

PL. 5

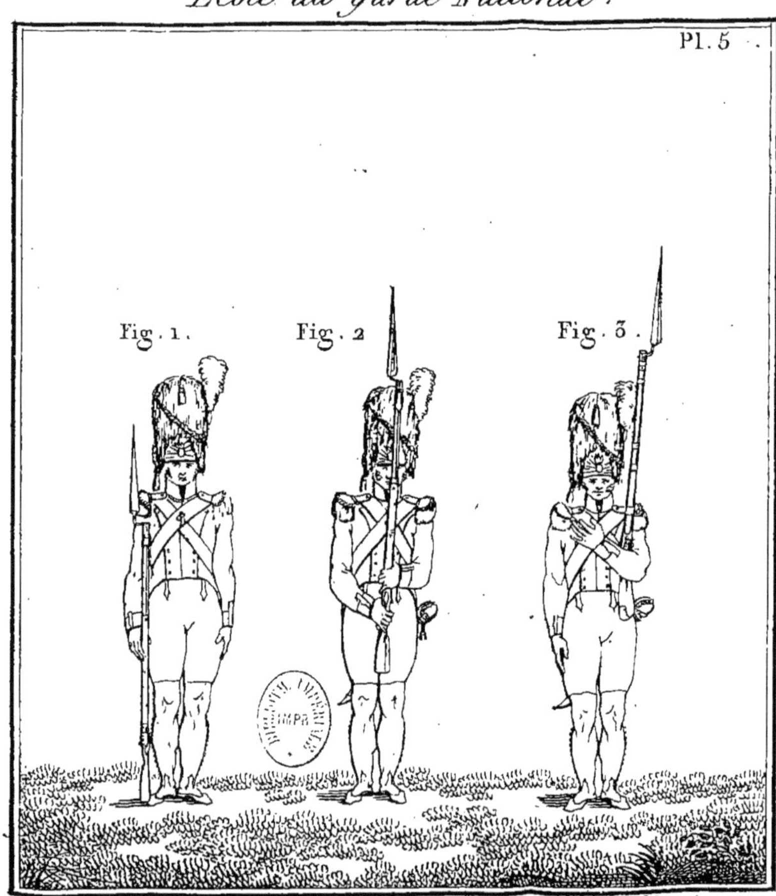

Voyez pour les Fig. 4. 5 la Pl. suivante.

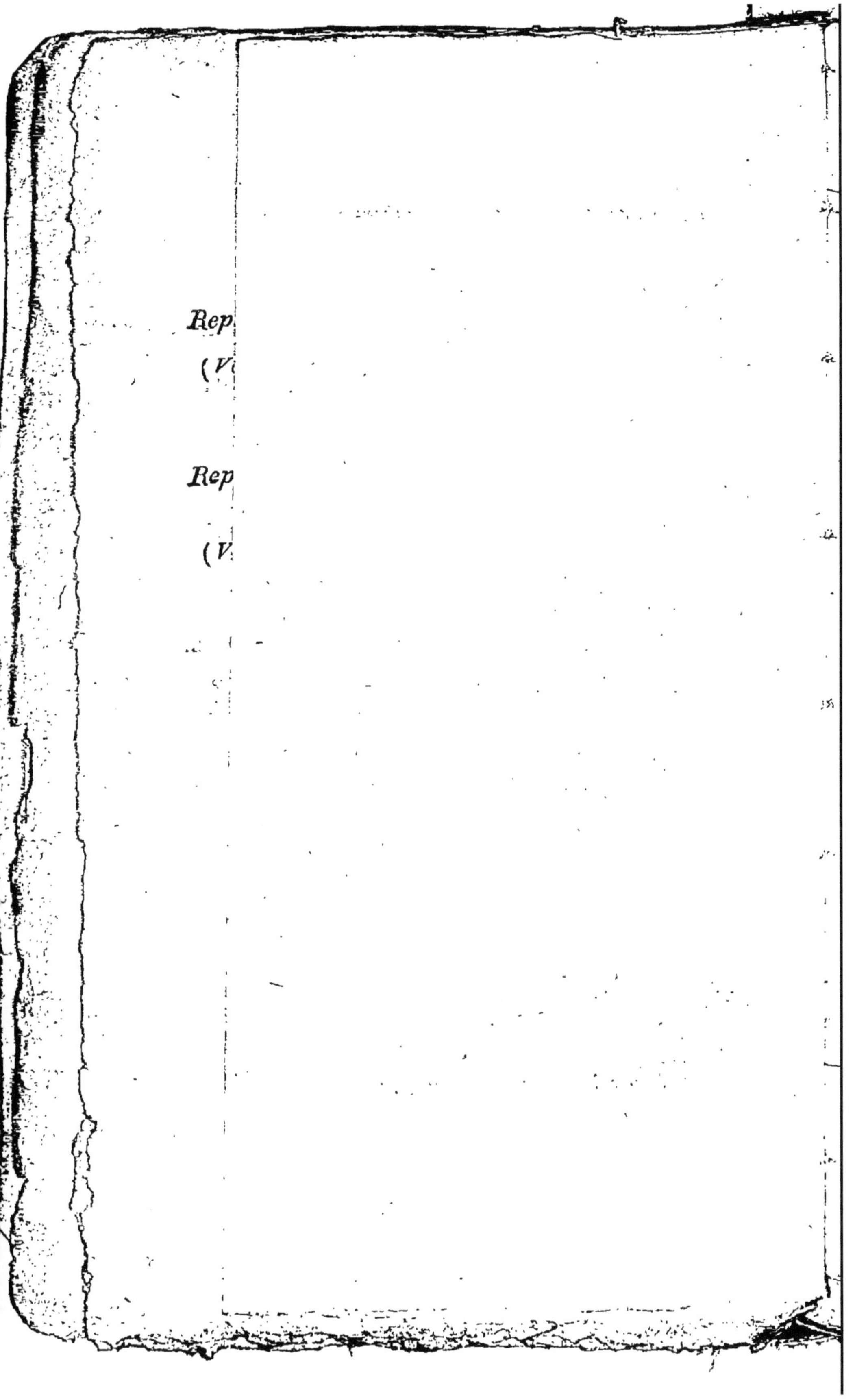

Rep
(V
Rep
(V

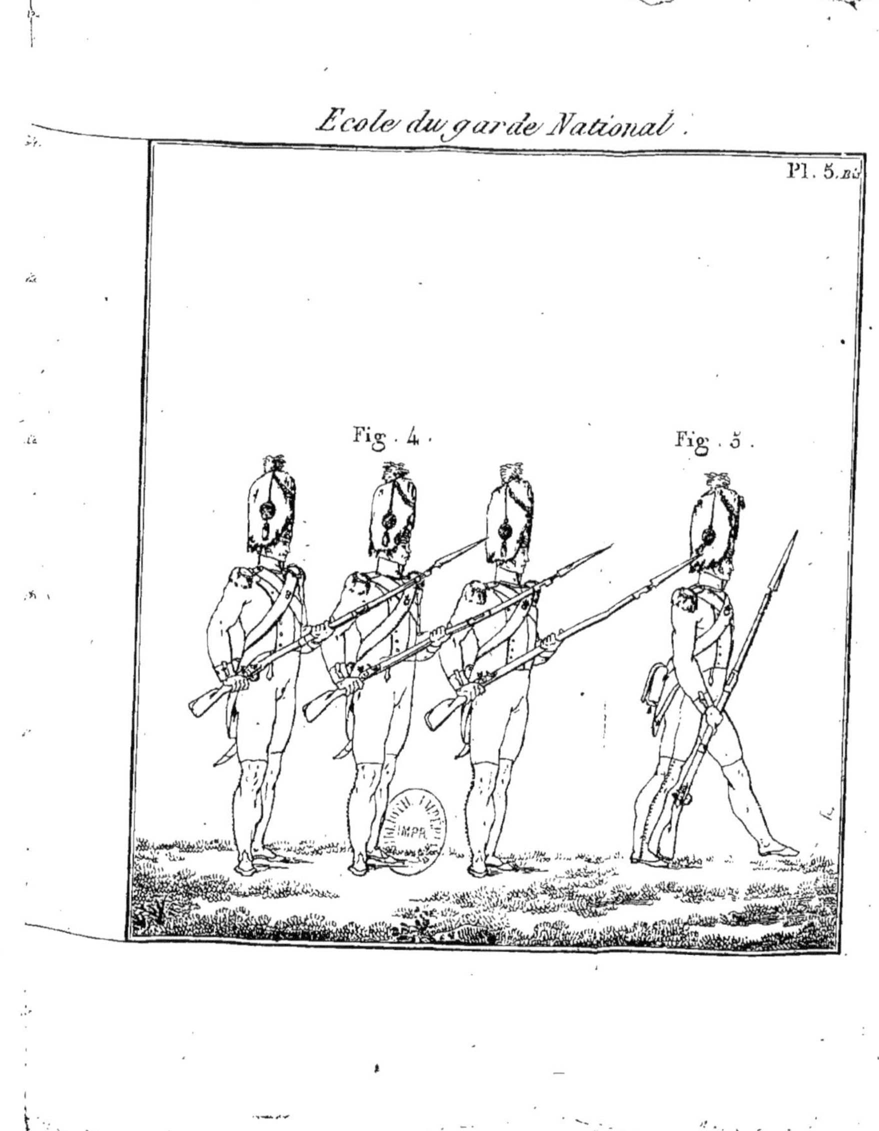
Pl. 5.bis
Fig. 4.
Fig. 5.

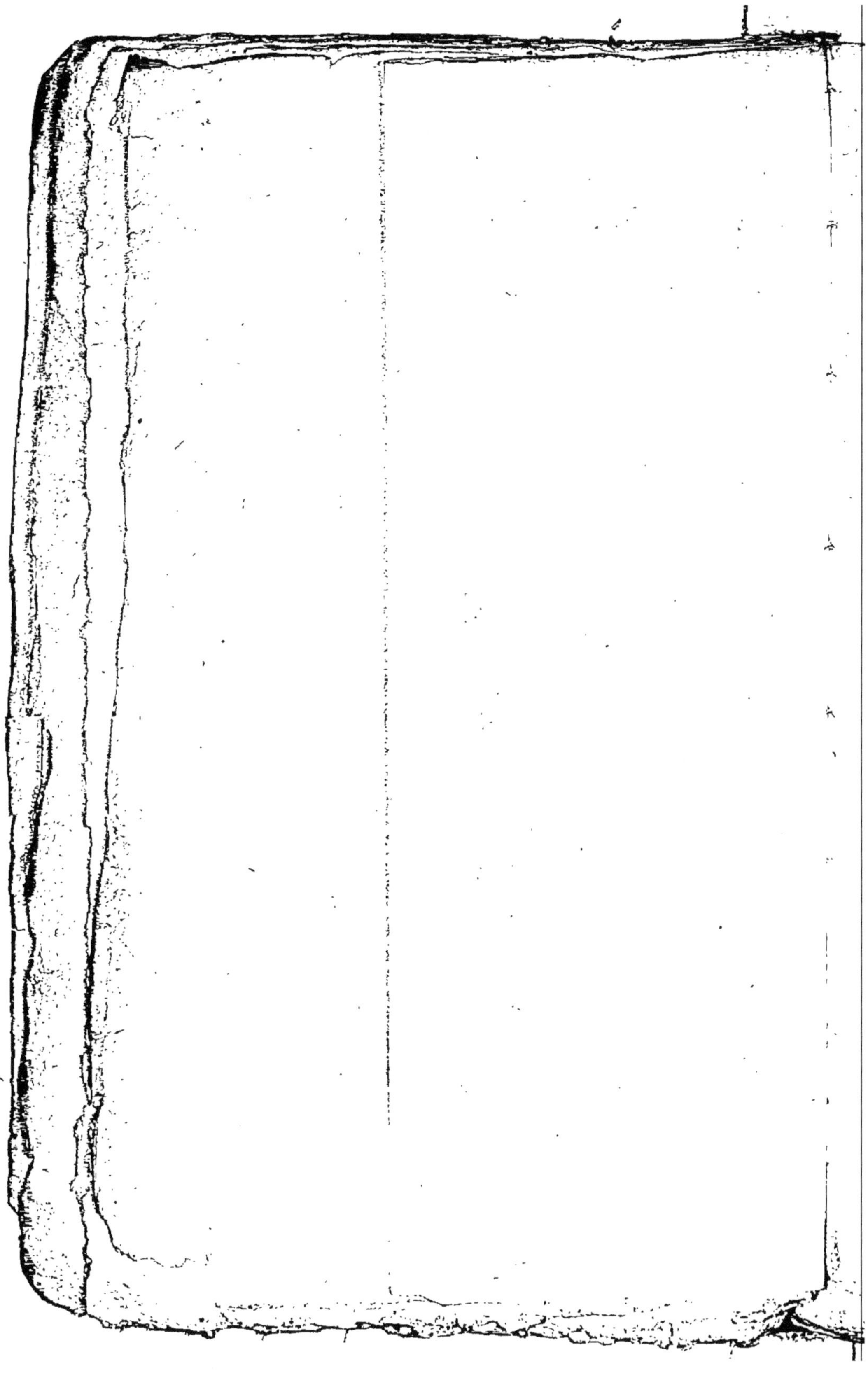

PLANCHE VI.

FIGURE 1ʳᵉ,

Représente la formation et la composition d'un peloton, avec l'indication de la place des officiers et des sous-officiers, dans l'ordre de bataille.

(*Voyez* l'Ecole de peloton, page 76, art. 2.)

FIGURE 2,

Représente un peloton sur trois rangs qui se forme sur deux rangs.

(*Voyez* l'Ecole de bataillon, page 145, art. 4.)

FIGURE 3,

Représente un peloton sur deux rangs, qui se forme sur trois rangs.

(*Voyez* l'Ecole de bataillon, page 146, art. 5.)

[illegible]

[illegible]

[illegible]

Ecole de Peloton .
Pl. 6

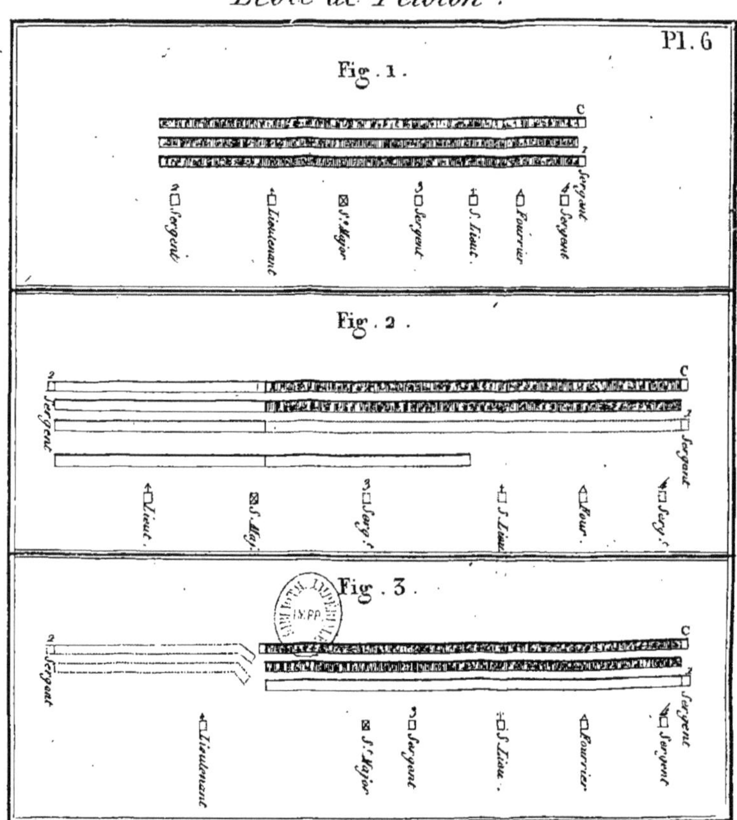

Fig . 1 .
Fig . 2 .
Fig . 3 .

PLANCHE VII.

FIGURE 1re,

Représente un peloton en marche par le flanc droit, tournant par file à gauche, et ensuite par file à droite.

(*Voyez* l'Ecole de peloton, *page* 91, n° 119 et suiv.)

Nota. Dans le premier cas, on voit que les hommes du premier rang ne tournent pas tout court, et que ceux des second et troisième rangs commencent à alonger le pas avant d'être arrivés à l'angle que forment les deux directions, ce qui est une suite naturelle du mouvement.

Dans le second cas, on voit que les hommes du second et du troisième rangs décrivent un petit arc de cercle, pendant que l'homme du premier rang en décrit un plus grand pour tourner à droite.

Le chef de peloton (b) est placé à côté du sous-officier de remplacement (a), pour conduire la première file ; les serre-files sont rapprochés du troisième rang, et suivent tous ses mouvemens.

L'instructeur (c) est placé à l'angle des conversions, pour veiller à l'exécution du mouvement.

FIGURE 2,

Représente un peloton en marche par le flanc droit, se formant par file sur la droite en bataille.

(*Voyez* l'Ecole de peloton, *page* 92, n° 131 et suiv.)

Nota. On voit dans le premier rang sept hommes de formés sur la ligne, tandis que dans le second rang il n'y en a que cinq, et dans le troisième que trois de formés, ce qui est une suite de la méthode prescrite pour l'exécution de ce mouvement.

(18)

L'instructeur (*d*) est placé en dehors du flanc droit du premier rang, pour diriger l'alignement à mesure que les hommes arrivent sur la ligne de bataille.

FIGURE 3,

Représente un peloton en marche par le flanc droit, qui se forme en ligne en marchant.

(*Voyez* l'Ecole de peloton, *page* 92, n° 136 et suiv.)

Nota. On voit le sous-officier de remplacement (*a*), qui continue à marcher droit devant lui; les soldats avancent l'épaule droite, prennent le pas accéléré, et se portent en ligne par le chemin le plus court, en observant de n'y entrer que l'un après l'autre, et de prendre le pas ordinaire au moment qu'ils arrivent sur la ligne. Le chef de peloton fait face en arrière pour commander *guide à gauche*, lorsque la dernière file est arrivée sur la ligne.

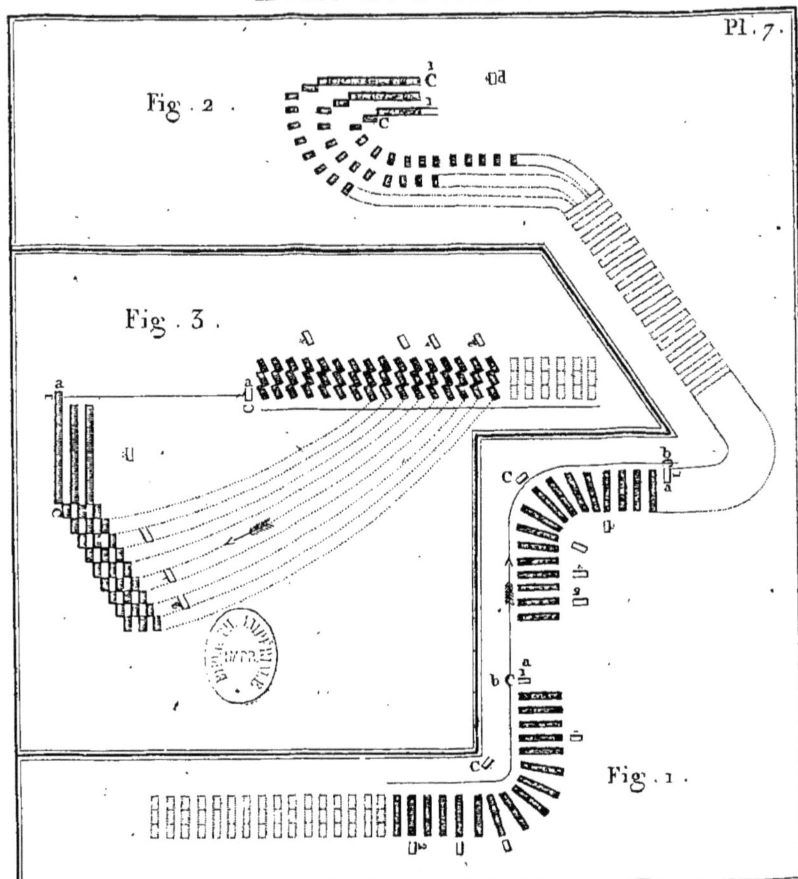
Pl. 7.
Fig. 2.
Fig. 3.
Fig. 1.

R

(

N

R

(F

N

(19)

PLANCHE VIII.

FIGURE 1re,

Représente un peloton qui rompt en colonne par section.

(*Voyez* l'Ecole de peloton, *page* 93, n° 150 et suiv.)

Nota. On voit qu'au commandement de *marche*, l'homme de droite (c) du premier rang de chaque section a fait à droite, le chef de chaque section (d) s'est porté en dehors du point où devra appuyer l'aile qui converse et fait face en arrière.

Lorsque l'homme qui conduit l'aile marchante est arrivé à deux pas de la perpendiculaire, le chef de chaque section a commandé *halte*.

A ce commandement, le sous-officier de remplacement et le serre-file de la gauche (e), se sont portés sur la direction déterminée par le chef de section, qui a commandé aussitôt après, *à gauche alignement*, FIXE, et s'est porté devant le centre de sa section, comme il est marqué en (*f*).

FIGURE 2,

Représente un peloton marchant en colonne par section, qui change de direction du côté du guide.

(*Voyez* l'Ecole de peloton, *page* 94, n° 180 et suiv.)

Nota. On voit que le guide (*g*), à l'instant où il arrive auprès du jalonneur (*h*), placé au point de conversion, tourne de sa personne à gauche en continuant le même pas ; chaque homme avance un peu l'épaule droite, et arrive au pas accéléré successivement sur l'alignement, comme sont figurées les

(20)

files de droite (*i*) : les files de gauche (*k*) sont figurées comme ayant achevé de tourner.

L'instructeur (*l*) est placé près du point de conversion pour veiller à l'observation des principes.

FIGURE 3,

Représente un peloton marchant en colonne par section, qui change de direction du côté opposé au guide.

(*Voyez* l'Ecole de peloton, *page* 94, n° 180 et suiv.)

Nota. Au commandement de *marche*, prononcé à l'instant où le guide (*d*) arrive à hauteur du jalonneur (*m*) placé d'avance, la section exécute un mouvement de conversion à droite, en observant le tact des coudes du côté du guide ; celui-ci continue à marcher le pas de deux pieds ; le pivot fait des pas de six pouces, pour dégager le point de conversion (*f*), ce qui fait cintrer un peu la subdivision, ainsi qu'il est marqué.

Le guide (*e*) de la seconde section suit exactement la trace du guide qui le précède ; chaque guide a soin, en décrivant son arc de cercle, de ne se rapprocher ni s'éloigner du point de la conversion à l'entour duquel le pivot doit converser.

Les chefs de section se retournent face à leur section, pendant la conversion, pour veiller à l'exécution.

FIGURE 4,

Représente un peloton en colonne par section, se formant à gauche en bataille.

(*Voyez* l'Ecole de peloton, *page* 95, n° 204 et suiv.)

Nota. L'instructeur (*a*) s'est porté en avant de la première section sur la direction des guides en leur faisant face, et en prenant la distance prescrite.

Au commandement *marche*, l'homme de gauche (*b*) du premier rang de chaque section fait à gauche; les guides (*e*) ne bougent; lorsque la droite de chaque section arrive à deux pas de la ligne des guides, le chef de section commande: *Section* HALTE.

Au commandement *alignement*, fait par le chef de peloton, les deux sections se placent sur l'alignement.

Le chef de la seconde section se porte en serre-file à l'instant où il prononce le commandement de HALTE.

Le chef de peloton dirige l'alignement de l'une l'autre section.

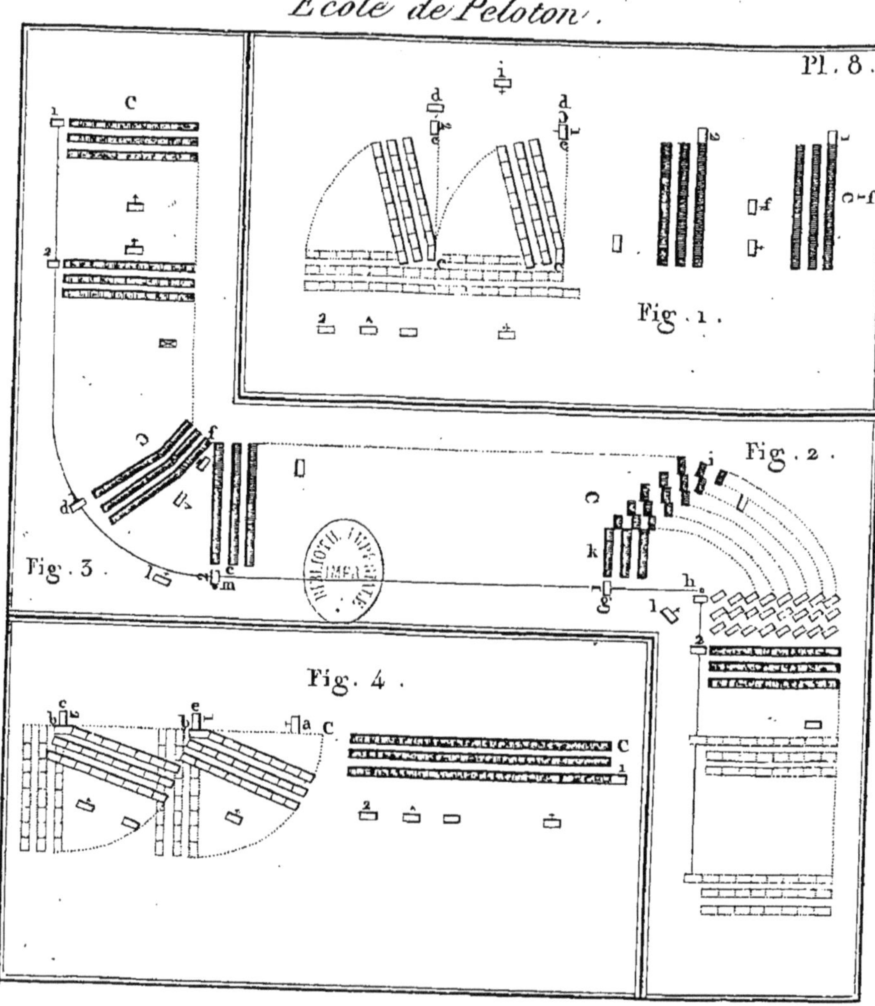

Ecole de Peloton.
Pl. 8.
Fig. 1.
Fig. 2.
Fig. 3.
Fig. 4.

Rep

(Vo

Note

Rep

(Vo

Not

Rep
c
c
(Vo

Not

PLANCHE IX.

FIGURE 1re,

Représente un peloton marchant en colonne , la droite en tête rompant par section.

(*Voyez* l'Ecole de peloton , *page* 96 , n° 252 et suiv.)

Nota. On voit les chefs de section (*a* et *b*) qui se sont portés devant le centre de leur section au premier commandement ; à celui de *marche* , la seconde section marque le pas ; la première continue à marcher droit en avant ; aussitôt que la seconde a déboîté, elle oblique à droite pour se porter derrière la première.

FIGURE 2,

Représente un peloton en colonne par section , la droite en tête formant le peloton.

(*Voyez* l'Ecole de peloton , *page* 96 , n° 261 et suiv.)

Nota. On voit la première section qui oblique seule à droite , et lorsqu'elle a démasqué la seconde , elle marque le pas pour attendre la seconde section qui a toujours continué à marcher droit devant elle.

FIGURE 3,

Représente un peloton supposé faire partie d'une colonne ayant la droite en tête , exécutant la contre-marche.

(*Voyez* l'Ecole de peloton , *page* 97 , n° 276 et suiv.)

Nota. On voit le guide de gauche (*a*) qui a fait demi-tour à droite ; le peloton marche par le flanc droit , et exécute une demi-conversion (*b*) par file à gauche ; lorsque la première file est arrivée à hauteur du guide (*a*), le peloton s'arrête, fait front et s'aligne sur le guide de gauche (*a*).

Au commandement *fixe*, le sous-officier de remplacement (*d*) prend la place du guide de gauche, et ce dernier se porte à la gauche du premier rang, passant par-devant le peloton.

L'instructeur (*f*) se tient sur le flanc pour veiller à l'exécution.

Pl. 9.

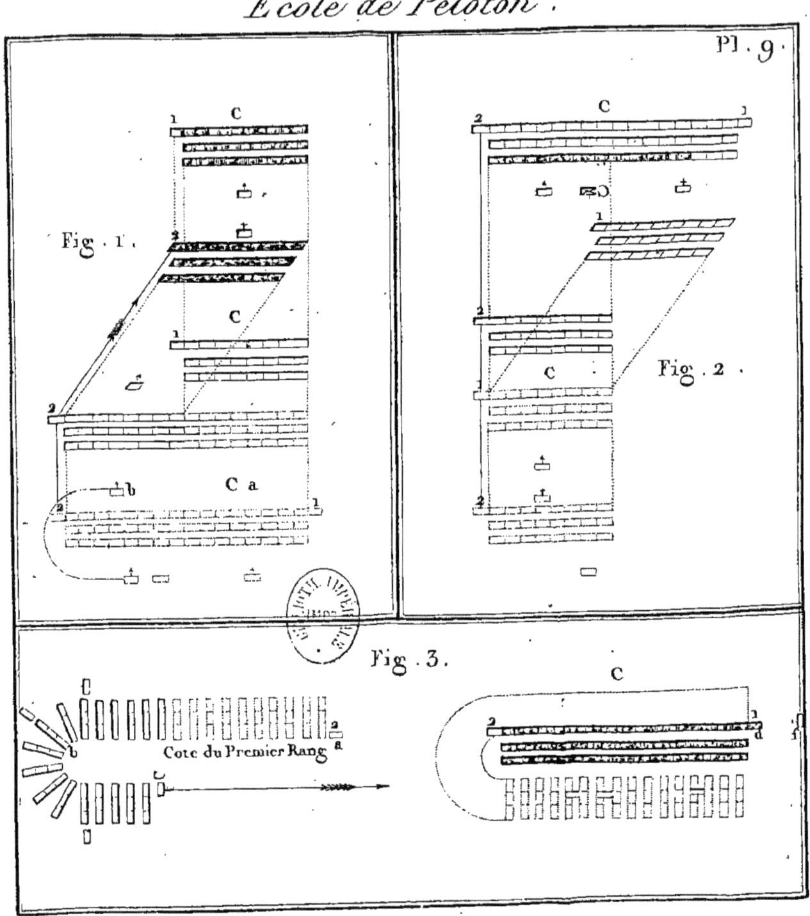

Repr

(Voye.

Repr

(Voye

(25)

PLANCHE X.

FIGURE 1re,

*Représente la formation d'un bataillon de dix
pelotons, en ordre de bataille.*

(*Voyez* l'Ecole de bataillon, *page* 110, n° 120 et suiv.)

FIGURE 2,

*Représente la formation d'un bataillon de six
pelotons, en ordre de bataille.*

(*Voyez* l'Ecole de bataillon, *page* 110, n° 120 et suiv.)

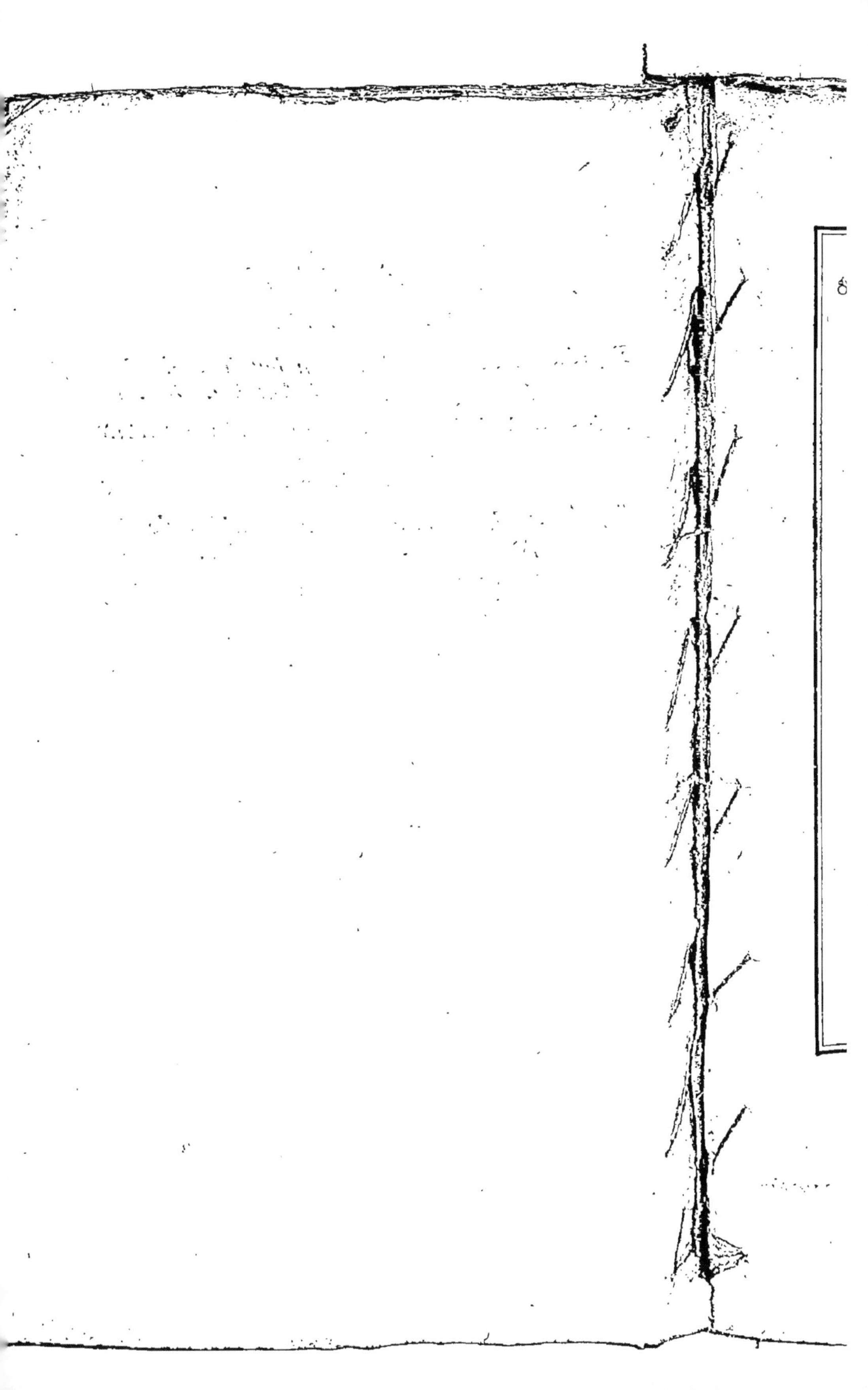

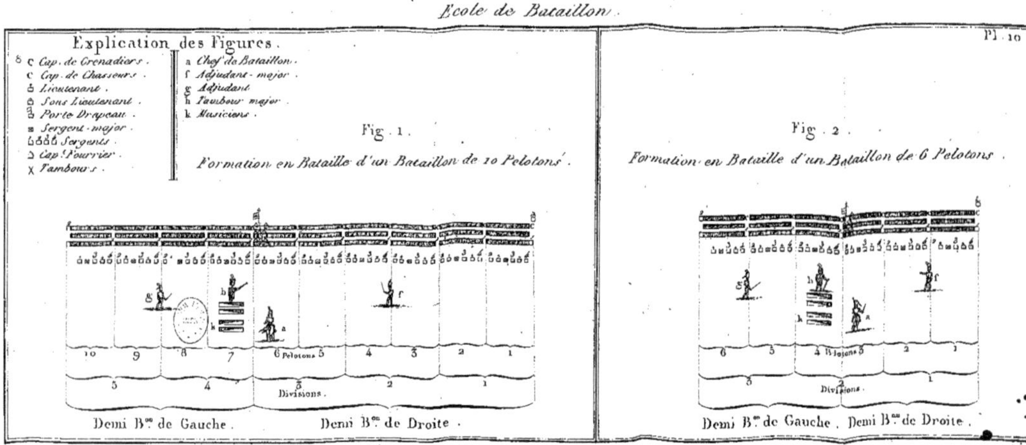

Explication des Figures.
c Cap. de Grenadiers.
c Cap. de Chasseurs.
Lieutenant.
Sous Lieutenant.
Porte Drapeau.
Sergent-major.
Sergents.
Cap.t Fourrier.
X Tambours.
a Chef de Bataillon.
f Adjudant-major.
g Adjudant.
h Tambour major.
k Musiciens.
Fig. 1.
Formation en Bataille d'un Bataillon de 10 Pelotons.
10 9 8 7 6 Pelotons 5 4 3 2 1
5 4 3 Divisions. 2 1
Demi B.on de Gauche.
Demi B.on de Droite.
Fig. 2.
Formation en Bataille d'un Bataillon de 6 Pelotons.
6 5 4 Pelotons 3 2 1
3 2 Divisions. 1
Demi B.on de Gauche.
Demi B.on de Droite.

Re
b
a
(Voy

Repr

(Voye

PLANCHE XI.

FIGURE 1re,

Représente un bataillon qui ayant marché en bataille, a été arrété, et doit prendre un alignement.

(*Voyez* l'Ecole de bataillon, *page* 113, n° 534 et suiv.)

FIGURE 2,

Représente un bataillon de direction, qui doit marcher en bataille en avant.

(*Voyez* l'Ecole de bataillon, *page* 227, n° 446. et suiv.)

2*

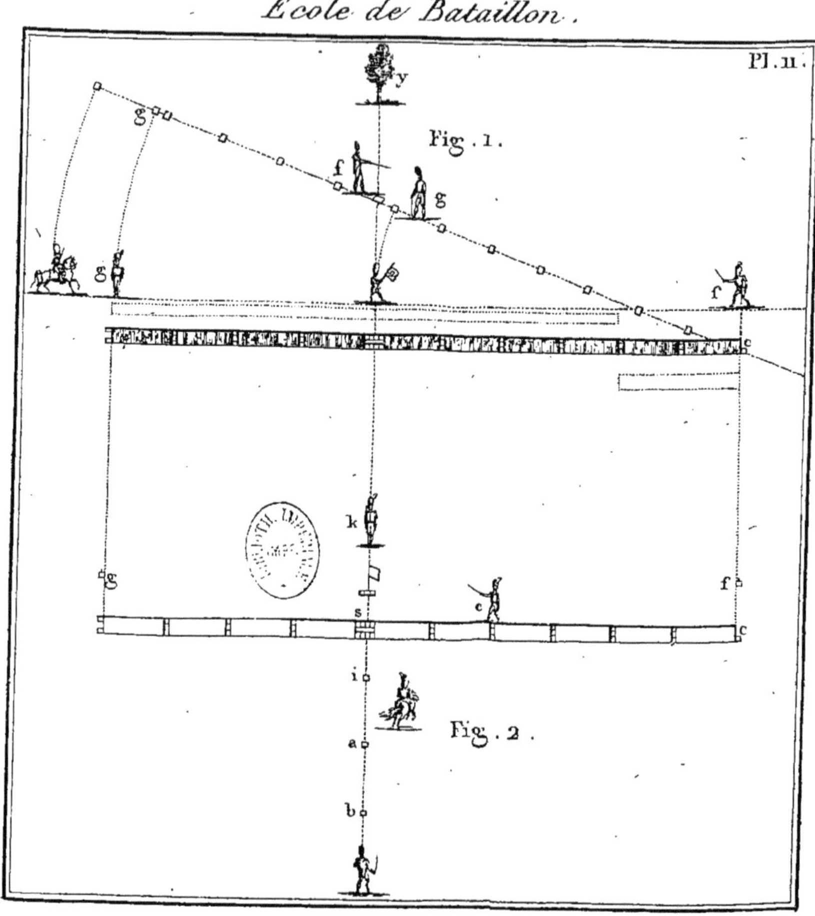
Pl. 11.
y
Fig. 1.
f
g
g
f
g
f
c
k
g
f
c
s
c
i
a
b
Fig. 2.

PLANCHE XII.

FIGURE 1te,

Représente un bataillon en bataille, rompant par peloton à droite.

(*Voyez* l'Ecole de bataillon, *page* 128, n° 47 et suiv.)

Nota. On voit l'adjudant-major (*f*) qui, après qu'on a rompu le bataillon, s'est porté, sur l'avertissement du chef de bataillon, à trente ou quarante pas en avant du premier guide, pour lui indiquer la direction qu'il devra suivre à défaut d'un objet saillant dans la campagne. L'adjudant (*g*) se tient à la queue de la colonne pour être à portée d'observer ce qui lui est prescrit lorsque la colonne se met en marche; le chef de bataillon (*a*) se tient à hauteur du centre du bataillon, du côté des guides, pour faire ses commandemens, et mieux veiller au maintien de l'ordre et de l'ensemble dans la colonne.

FIGURE 2,

Représente un bataillon en bataille, rompant par la droite pour marcher vers la gauche.

(*Voyez*) l'Ecole de bataillon, *page* 130, n°. 56.)

Nota. Ce qui est au trait et en blanc, marque le bataillon rompu en colonne, dont le premier peloton s'est porté deux fois l'étendue de son front en avant. Ce qui est au trait et haché, représente la colonne en marche qui tourne à l'entour du jalonneur (*b*), lequel a été placé d'avance. L'adjudant-major (*f*) marche à hauteur du premier peloton pour diriger et donner le pas à la colonne. Le chef de bataillon (*a*) se tient à l'angle des conversions pour veiller à leur exécution.

FIGURE 3,

Représente un bataillon en bataille, rompant par peloton en arrière à droite.

(*Voyez* l'Ecole de bataillon, *page* 133, n° 57 et suiv.)

Nota. La figure (*a*) fait voir le bataillon qui a fait à droite ; les pelotons ont déboîté en arrière, et chaque chef du peloton s'est placé à côté de l'homme de gauche du peloton qui est immédiatement à la droite du sien. La figure (*b*) fait voir le bataillon formé en colonne, après avoir marché par le flanc droit de chaque peloton perpendiculairement en arrière, et après avoir été arrêté au moment que la dernière file est arrivée auprès de son chef de peloton.

Ecole de Bataillon.
Pl. 12.
Fig. 3.
Fig.
Fig. 1.

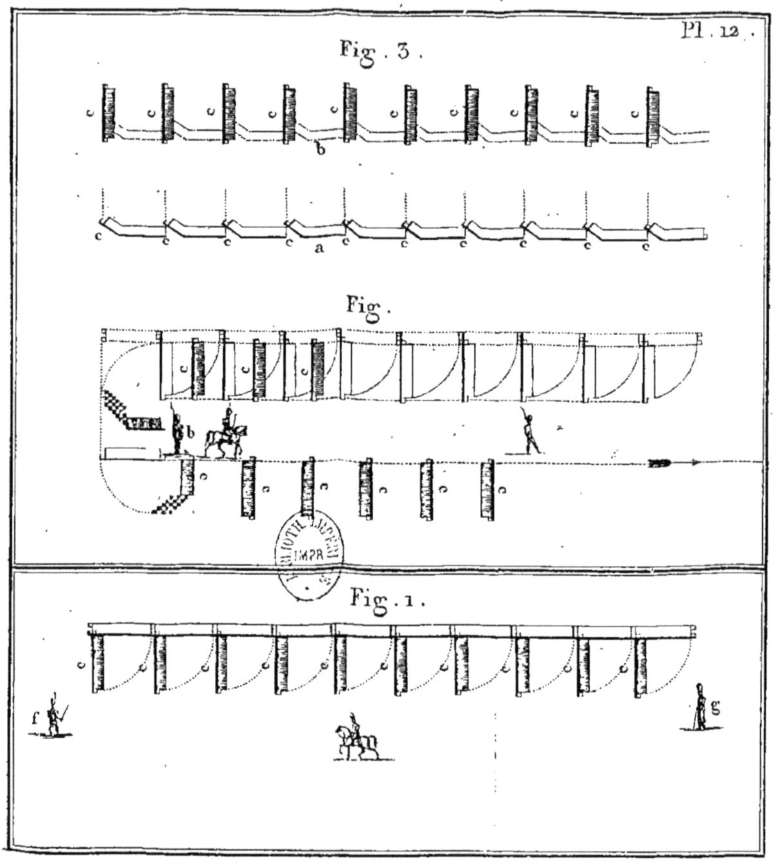

PLANCHE XIII.

FIGURE 1re et 2,

Représente un bataillon marchant en colonne avec distance entière, la droite en tête, qui change de direction à droite, et ensuite à gauche.

(*Voyez* l'Ecole de bataillon, *page* 141, n° 191 et suiv.)

FIGURE 3,

Représente un bataillon en colonne, à distance en- tière, la droite en tête, arrivant par-devant la ligne de direction sur laquelle on veut le former en bataille, et se prolongeant sur cette ligne par le moyen des guides généraux.

(*V.* l'Ecole de bataillon, *p.* 144 et 145, n°s 123 et suiv.)
Nota. Le jalonneur (*d*), qui aura été placé d'avance, indique le point où la colonne devra tourner à gauche pour se prolonger sur la ligne de bataille.

On voit que le chef du premier peloton ne la fait tourner qu'après avoir dépassé d'environ quatre pas le jalonneur (*d*). On voit également le guide général de droite et le porte-drapeau marqués (*f*), qui se prolongent sur la ligne de bataille, le premier à hau- teur du peloton de la tête, le second à hauteur du peloton du drapeau; les trois derniers pelotons ne sont pas encore entrés sur la nouvelle direction.

Le chef de bataillon (*a*) est placé sur le flanc en dehors des guides-généraux, pour veiller à ce que la colonne se maintienne à environ quatre pas en dedans de ces guides.

L'adjudant-major (*b*) marche à hauteur du premier peloton, et doit veiller à ce que les deux guides-généraux de la tête marchent correctement sur la direction du point de vue en avant et du point intermédiaire.

FIGURE 4,

Représente un bataillon en colonne, à distance entière, la droite en tête, arrivant par derrière la ligne de direction sur laquelle on veut le former en bataille, et se prolongeant sur cette ligne par le moyen des guides-généraux.

Voyez l'Ecole de bataillon, *page* 145, n° 123 et suiv.)

Nota. On voit que le peloton de la tête a conversé à droite à quatre pas en-deça du point intermédiaire (*d*), placé d'avance sur la ligne de bataille, et que le guide de ce peloton, au lieu de marcher sur le point (*d*), s'est dirigé plus à gauche de tonte l'étendue du front de peloton.

Le reste comme dans la figure 3°.

re-
eux
ent
oint

en-
la
ner
var

iv.)
sé à
né-
le,
sur
l'é-

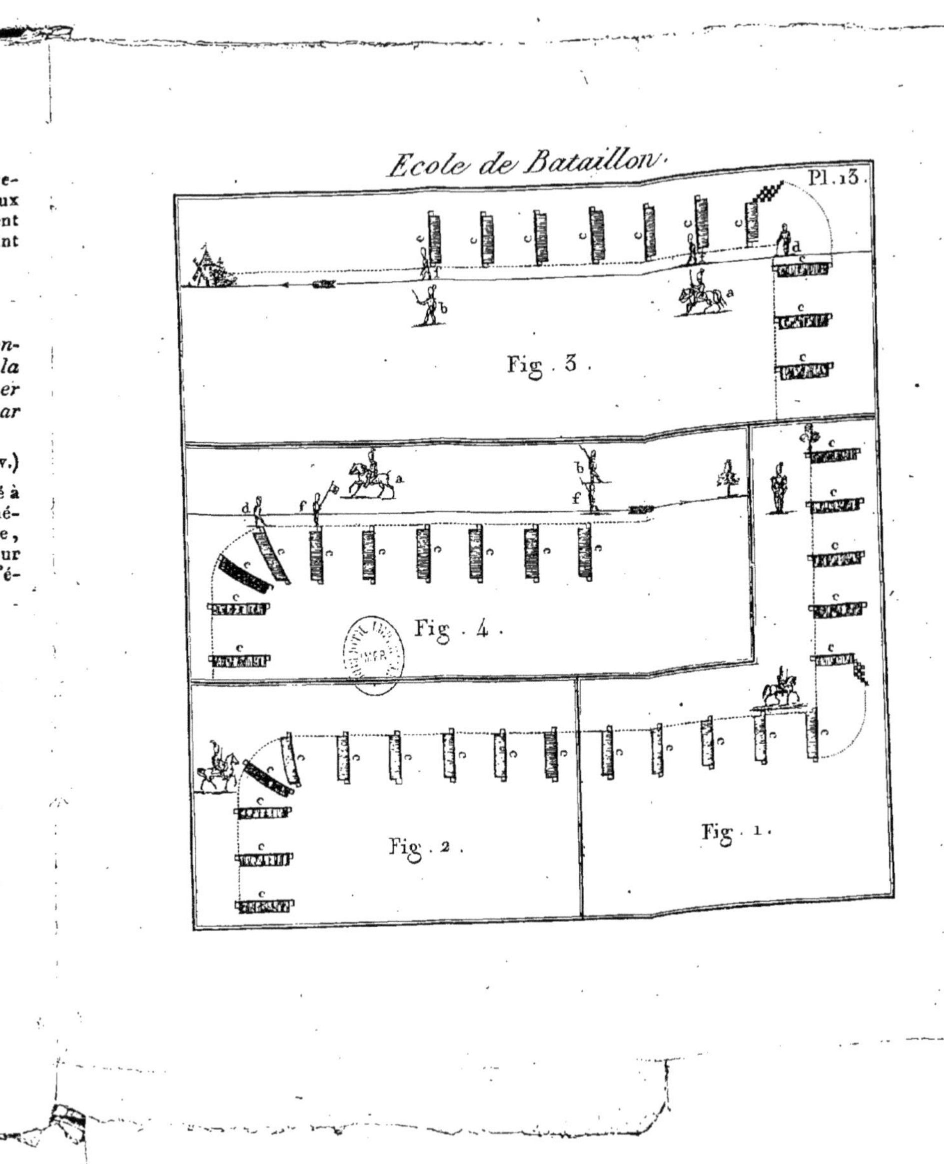

Ecole de Bataillon.
Pl. 13.
Fig . 3 .
Fig . 4 .
Fig . 2 .
Fig . 1 .

33

PLANCHE XIV.

FIGURE 1ᵗᵉ,

Représente un bataillon en colonne avec distance entière, la droite en tête, se formant sur la droite en bataille.

(*V.* l'Ecole de bataillon, *page* 168, n° 329 et suiv.)

Nota. On voit que la colonne a marché sur la ligne (de), et qu'elle a changé de direction au point (l), pour prendre la direction (lf) parallèle à la ligne de bataille déterminée par le clocher (a) et l'arbre (b). L'adjudant (m) a établi d'avance deux jalonneurs sur cette ligne ; le premier (k) au point d'appui, le second (i) à un peu moins que distance de peloton de (k).

Le chef de bataillon (g) suit la formation à hauteur du peloton qui va tourner pour se porter sur la ligne de bataille.

L'adjudant-major (h) assure successivement la position des guides à mesure qu'ils se portent sur la ligne de bataille pour jalonner la direction.

FIGURE 2,

Représente un bataillon en colonne avec distance entière, la droite en tête, se formant en avant en bataille.

(*Voyez* l'Ecole de bataillon, *page* 170, n° 353 et suiv.)

Nota. On voit la colonne arrêtée à distance de peloton de la ligne de bataille ; le premier peloton s'est porté en avant contre les deux jalonneurs (a, b) établis d'avance sur cette ligne par l'adjudant (m) ; tous les autres pelotons exécutent d'abord un mouvement

de conversion à gauche , et se portent ensuite droit
en avant ; le guide de droite (*f*) de chacun , suit la
file (*d*) du peloton qui le précède jusqu'au moment
où ce peloton arrivé en (*e*), tourne à droite, comme
il est représenté en (*o*) , pour se porter carrément
sur la ligne de bataille.

Le chef de bataillon (*g*) suit la formation en se
prolongeant devant le front.

L'adjudant-major (*h*) assure successivement la
position des guides à mesure qu'ils se portent sur la
ligne de bataille.

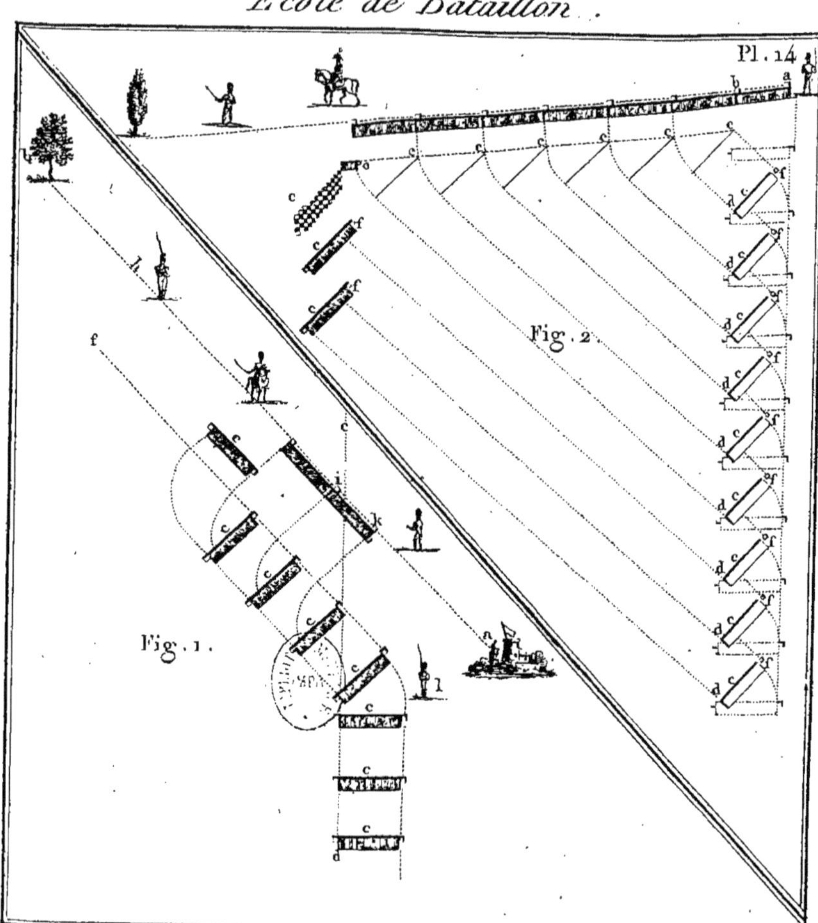

Ecole de Bataillon.
Pl. 14
Fig. 2
Fig. 1

35

PLANCHE XV.

FIGURE 1re,

Représente un bataillon en colonne avec distance entière, la droite en tête, se formant face en arrière en bataille.

Voyez l'Ecole de bataillon, *page* 173, n° 371 et suiv.)

Nota. On voit la colonne arrêtée à distance de peloton de la ligne de bataille; le premier peloton s'est porté par une contre-marche derrière et contre les deux jalonneurs (*a, d*), établis d'avance sur cette ligne. Les guides de gauche (*e*) se sont détachés de manière à précéder d'environ douze pas chacun leur peloton arrivant sur la ligne, pour lui indiquer le point où il doit la traverser, ainsi qu'on le voit au troisième peloton.

Le chef de bataillon et l'adjudant-major remplissent les mêmes fonctions que dans la formation en avant en bataille.

FIGURE 2.

Représente un bataillon en bataille, formant la colonne d'attaque. On voit les pelotons de droite et de gauche déboîter en arrière, et se porter à distance de section derrière les deux pelotons du centre.

(*Voyez* l'Ecole de bataillon, *page* 187, n° 663 et suiv.)

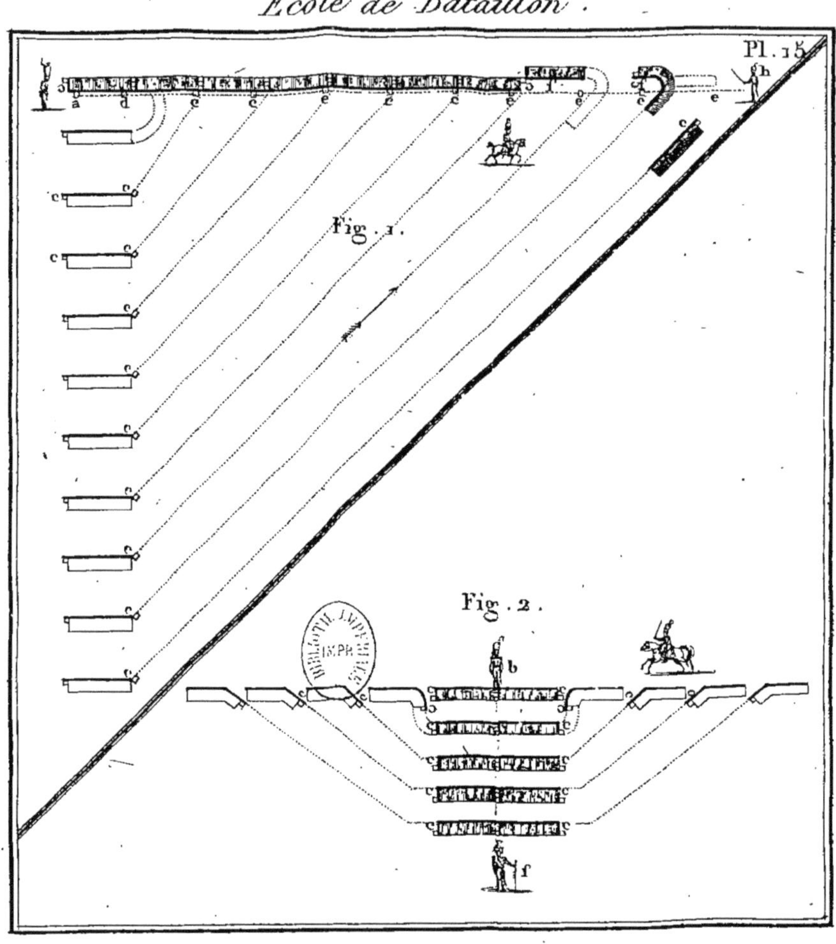

Pl. 15
Fig. 1
Fig. 2

PLANCHE XVI.

FIGURE 1re,

*Représente un bataillon se ployant par division
en colonne serrée derrière la droite.*

(*Voyez* l'Ecole de bataillon, *page* 178, n° 73 et suiv.)

Nota. On voit que la première division gagne en tournant par file en arrière, l'espace de trois pas, et se dirige ensuite parallèlement à celle des grenadiers. Le chef de chacune des autres divisions dirige sa marche (*a*), de manière à entrer parallèlement dans la colonne à trois pas de distance en arrière de la division qui le précède.

L'adjudant-major (*d*), placé en avant du guide de gauche des grenadiers, assure successivement la direction des autres guides (*b*), à mesure qu'ils arrivent dans la colonne.

L'adjudant (*f*) remplit les mêmes fonctions en arrière de la division de direction.

FIGURE 2,

*Représente un bataillon se ployant en colonne
serrée, en avant de la gauche.*

(*Voyez* l'Ecole de bataillon, *page* 180, n° 73 et suiv.)

Nota. On voit que toutes les divisions, excepté la quatrième, ont fait à gauche et déboîté en avant ; qu'elles se sont portées ensuite par le flanc gauche devant la division de direction. Les guides de gauche (*b*) font face en arrière, et sont assurés successivement par l'adjudant-major (*d*) et par l'adjudant (*f*).

FIGURE 3,

*Représente un bataillon se ployant sur une divi-
sion de l'intérieur en colonne serrée, la droite
en tête.*
(*Voyez* l'Ecole de bataillon, *page* 184, n° 73 et suiv.)

Nota. On voit que la première division et les grenadiers
ont fait à gauche et déboîté en avant; les troisième
et quatrième divisions ont fait à droite et ont déboîté
en arrière. Les première et troisième divisions ga-
gnent en tournant par files à droite l'espace de trois
pas, et se dirigent ensuite parallèlement à celle de
direction. Les guides de gauche (*b*) des divisions qui
se placent en avant de celle de direction, font face
en arrière.

L'adjudant-major (*d*) assure successivement la
direction des guides à mesure qu'ils arrivent dans la
colonne, en avant de la division de direction; l'adjudant (*f*) remplit la même fonction en arrière de la
division de direction.

Pour éviter des répétitions inutiles, nous avons, dans le texte,
fait ployer le bataillon en colonne serrée par peloton, et dans les
figures nous avons représenté le mouvement par division; ce mouvement étant le même dans l'un et l'autre cas.

Pl. 16.

Fig. 2.

Fig. 3.

Fig. 1.

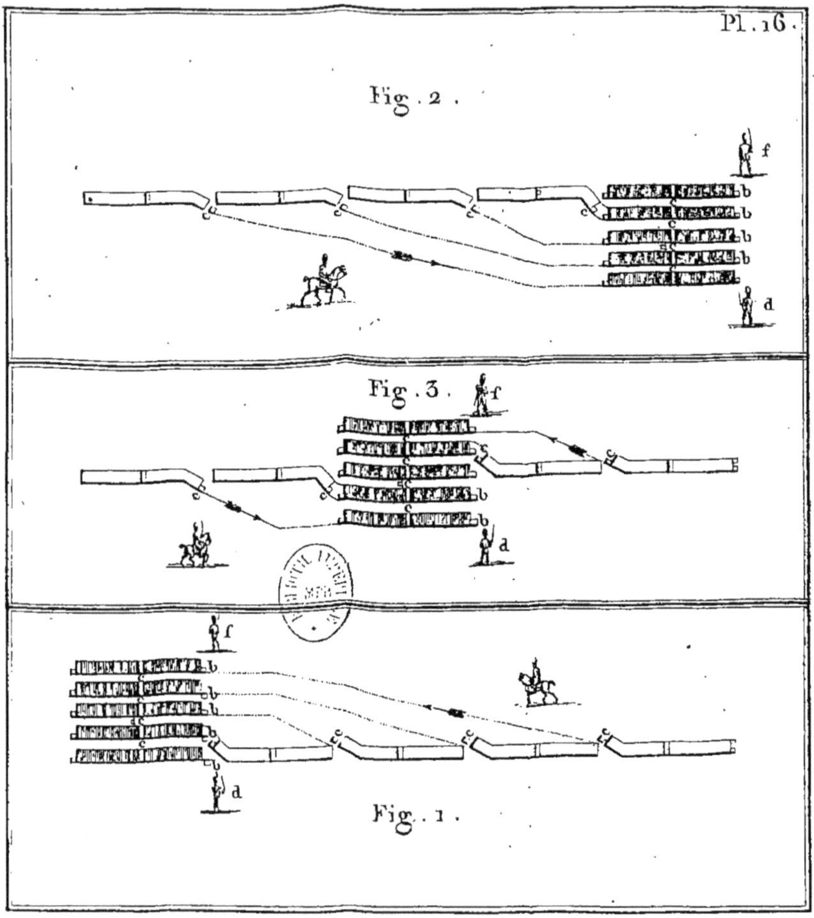

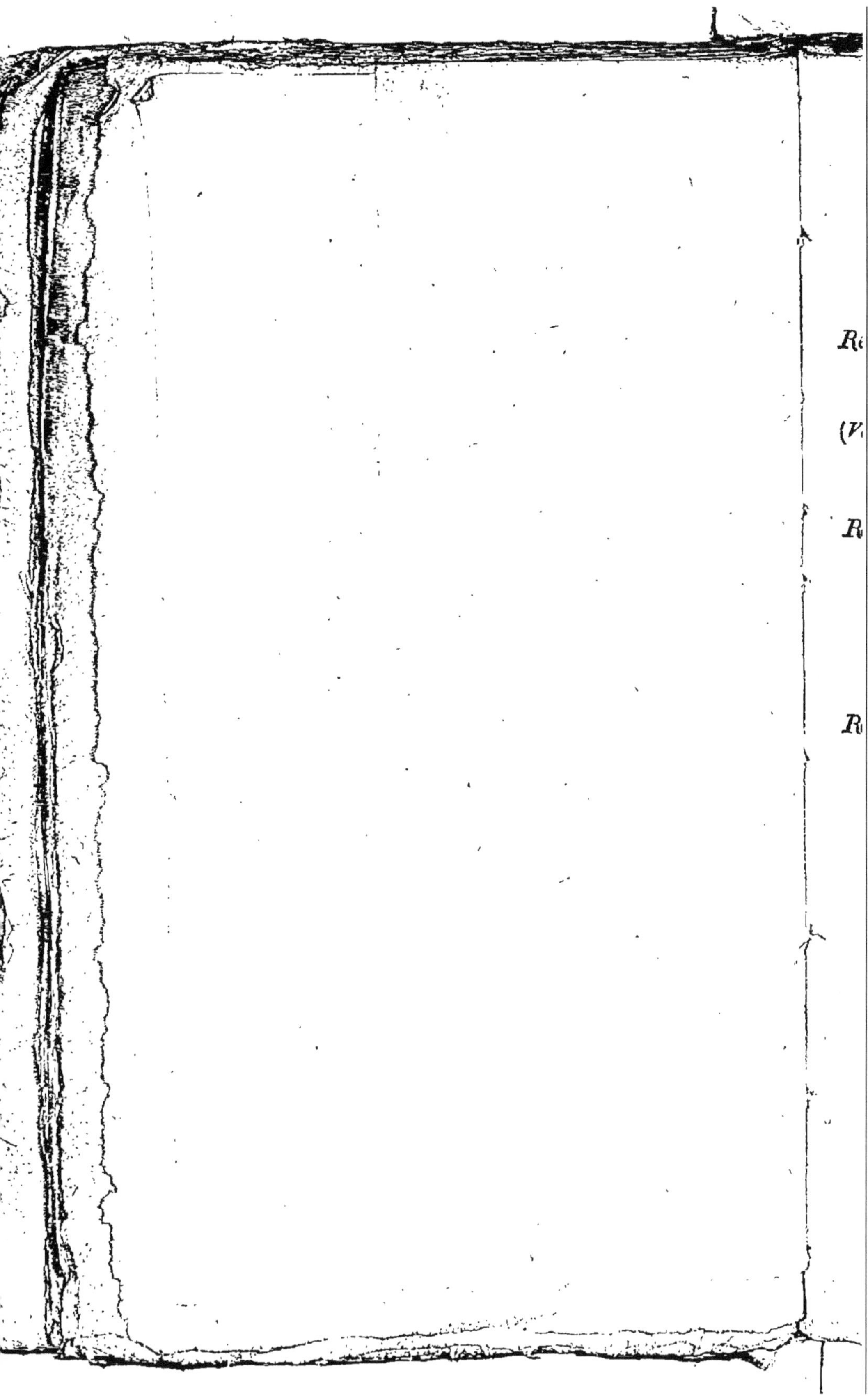

PLANCHE XVII.

FIGURE 1ʳᵉ,

Représente un bataillon (A) en colonne serrée en masse, la droite en tête, de pied ferme, et devant changer de direction à gauche.

(*Voyez* l'Ecole de bataillon, *page* 190, n° 251 et suiv.)

FIGURE 2,

Représente un bataillon en colonne serrée en masse, la droite en tête, changeant de direction à droite en marchant.

(*Voyez* l'Ecole de bataillon, *page* 193 et 194.)

FIGURE 3,

Représente un bataillon en colonne serrée en masse, la droite en tête, changeant de direction à gauche en marchant.

(*Voyez* l'Ecole de bataillon, *page* 194)

———

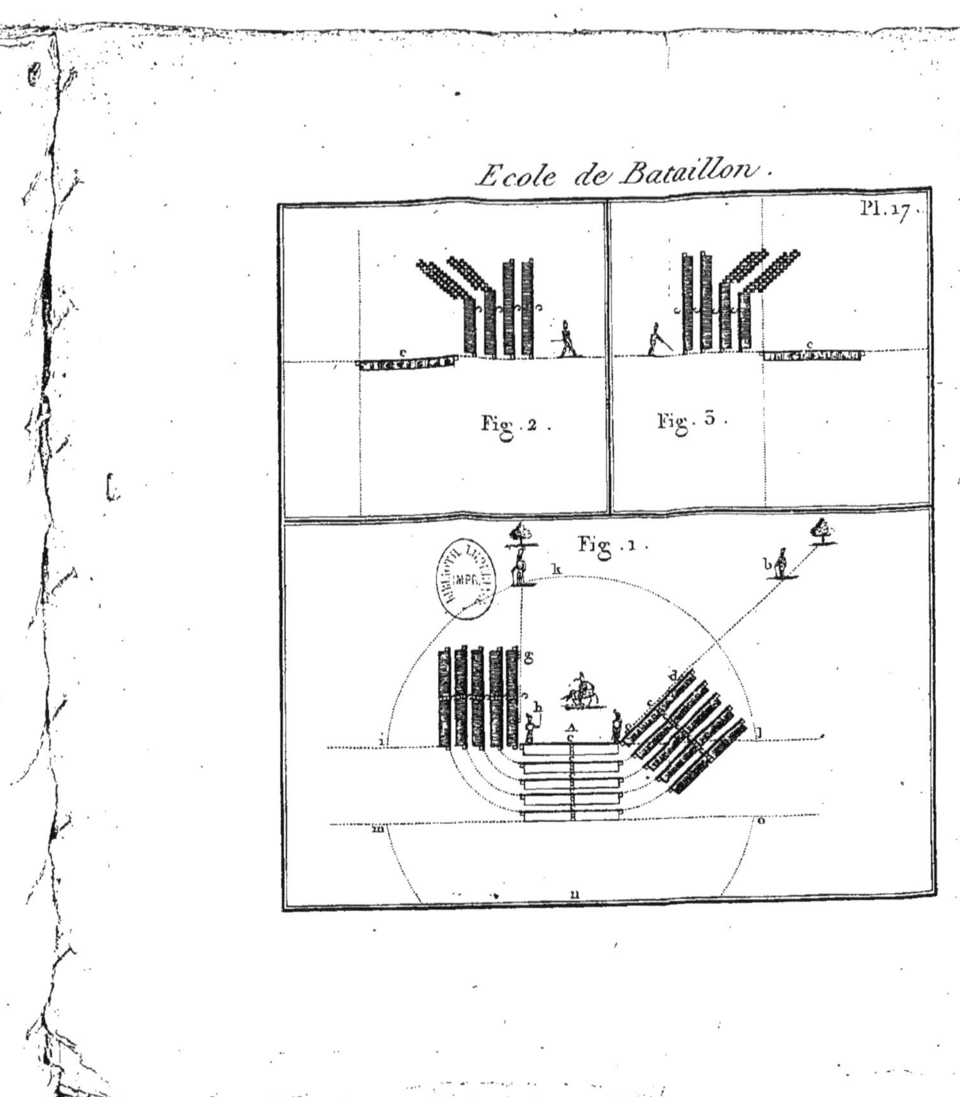

Ecole de Bataillon.
Pl.17.
Fig.2.
Fig.3.
Fig.1.

PLANCHE XVIII.

FIGURE 1re,

*Représente un bataillon en masse, la droite en
tête, exécutant la contre-marche.*

(*Voyez* l'Ecole de bataillon, *page* 197 ; n° 262 et suiv.)

Nota. On voit dans la première représentation, les
grenadiers et les divisions paires après avoir déboîté
de la colonne, exécutant la contre-marche en dehors,
et les divisions impaires l'exécutant à la place où elles
se trouvent.

L'adjudant-maior (*f*) est placé en avant et face
aux guides qui ont fait demi-tour à droite, pour rec-
tifier, s'il y a lieu, leur direction.

La seconde représentation fait voir le mouvement
achevé, ainsi que le chemin que chaque division a
parcouru.

FIGURE 2,

*Représente une colonne en masse par division, la
droite en tête, exécutant la contre-marche par
les deux ailes.*

(*Voyez* l'Ecole de bataillon, *page* 199.)

La seconde représentation fait voir le mouvement
achevé.

FIGURE 3,

*Représente une colonne en masse par peloton, la
droite en tête, formant les divisions de pied
ferme.*

(*V.* l'Ecole de bataillon, *page* 200, n° 277 et suiv.)

Nota. On voit dans la première représentation les pelotons pairs qui ont déboîté de la colonne, les guides de droite et de gauche des pelotons impairs placés comme jalonneurs devant la file de droite et de gauche de leurs pelotons respectifs, et les guides de gauche des pelotons pairs, placés sur la direction des premiers, vis-à-vis la file de gauche de leur peloton.

La seconde représentation fait voir les divisions formées.

Pl. 18.

Fig. 2.

Fig. 3.

Fig. 1.

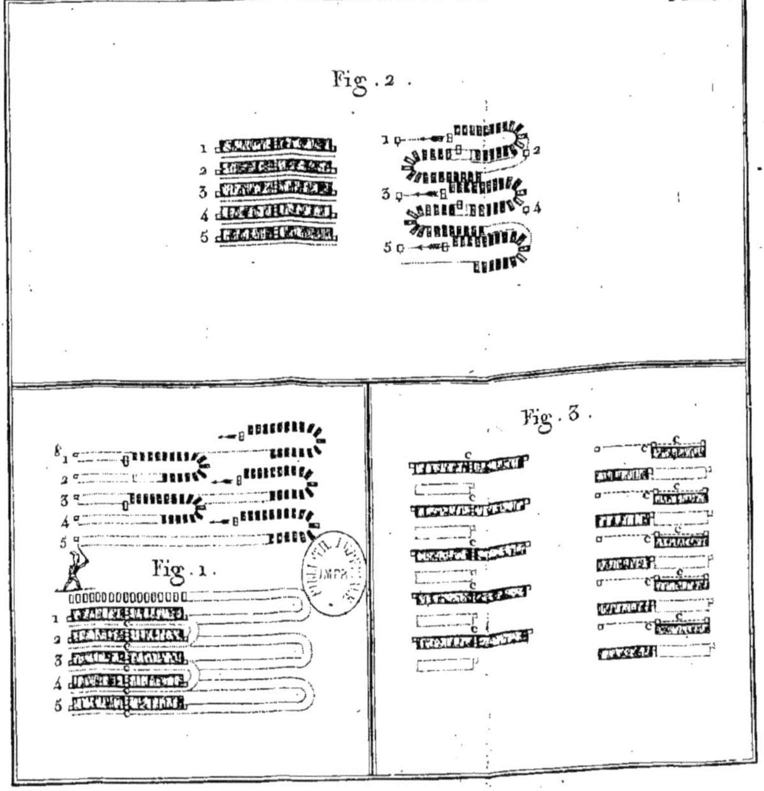

PLANCHE XIX.

FIGURE 1re,

Représente un bataillon en masse, devant se déployer sur une division de l'intérieur.
(*V*. l'Ecole de bataillon, *p.* 209, nos 406, 407 et suiv.)

FIGURE 2,

Représente le déploiement de la colonne d'attaque.
(*Voyez* l'Ecole de bataillon, *page* 213, nos 674 et suiv.)

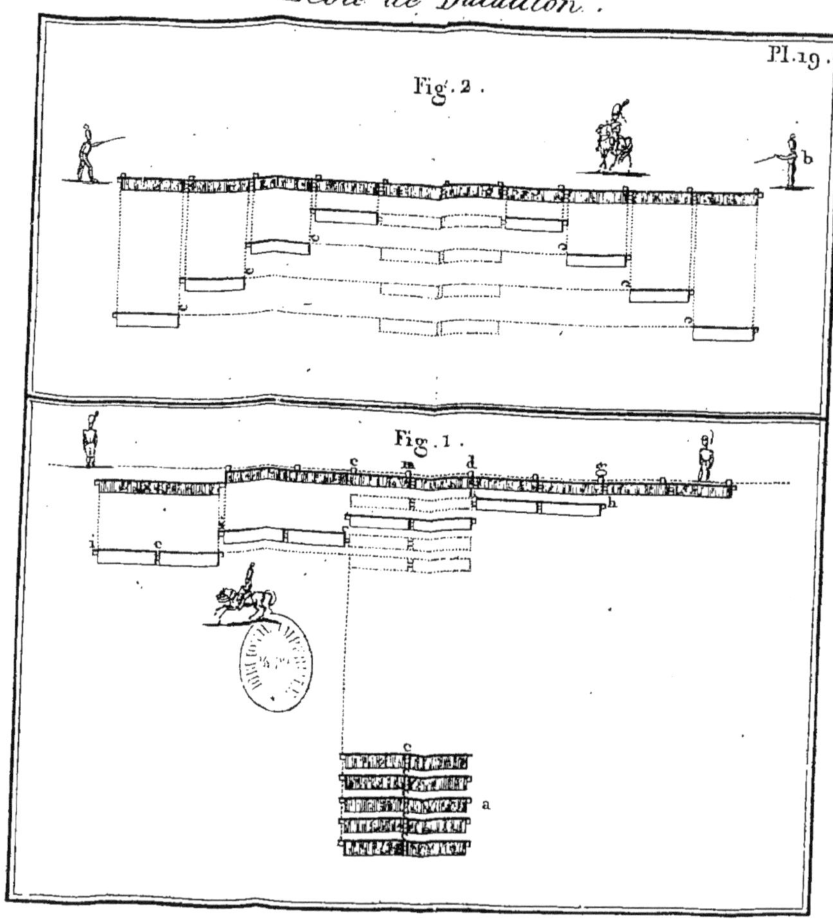
Pl.19.
Fig. 2.
Fig. 1.

PLANCHE XX.

FIGURE 1re,

Représente un bataillon en bataille, exécutant un changement de front en avant sur le poloton de droite, qu'on a établi sur la nouvelle ligne, après y avoir placé deux jalonneurs (a) et (b).

(*Voyez* l'Ecole de bataillon, *page* 216, n° 619 et suiv.)

FIGURE 2,

Représente un bataillon en bataille, exécutant un changement de front en arrière sur le peloton de droite, qui a été établi d'avance, ainsi que les deux jalonneurs (a, b), sur la nouvelle ligne de bataille.

(*Voyez* l'Ecole de bataillon, *page* 217. n° 629 et suiv.)

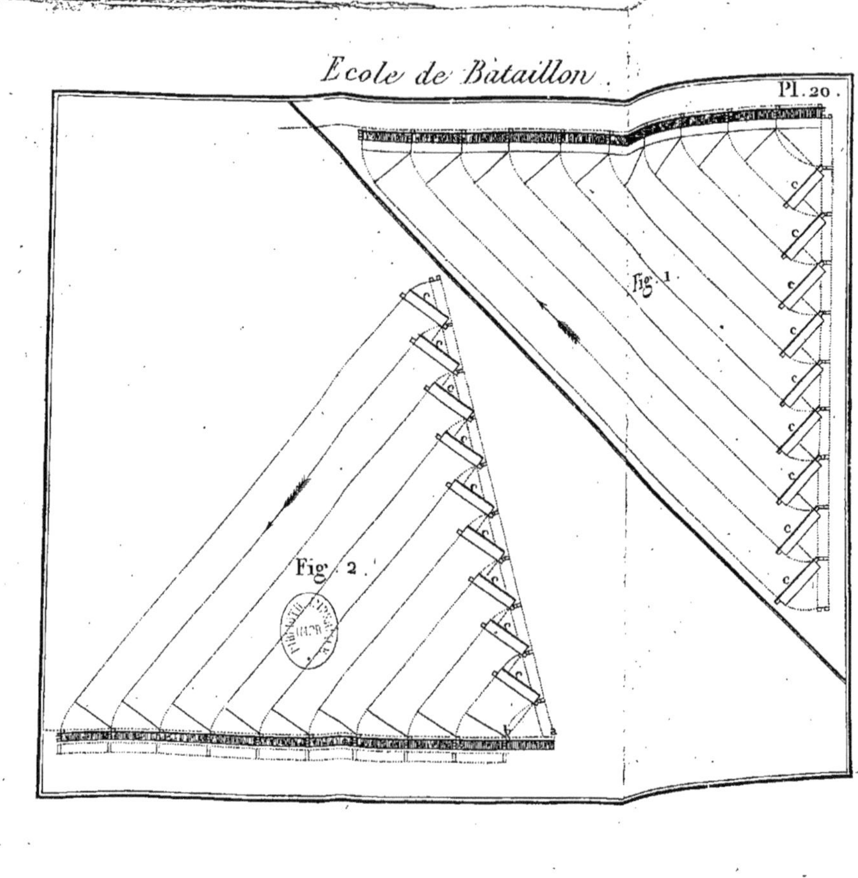
Fig. 1
Fig. 2

PLANCHE XXI.

FIGURE 1re,

Représente un bataillon en bataille, exécutant un changement de front central, l'aile gauche en avant, sur le cinquième peloton, qui a été établi d'avance contre les deux jalonneurs (a, b) *placés sur la nouvelle ligne de bataille.*

(*Voyez* l'Ecole de bataillon, *page* 221 , n° 643 et suiv.)

FIGURE 2.

Représente un bataillon en bataille, exécutant un changement de front en arrière, par le flanc des pelotons, sur le peloton de droite, qui a été établi d'avance sur la nouvelle ligne de bataille, par une conversion à gauche, contre les deux jalonneurs (a, b).

(*Voyez* L'Ecole de bataillon , *page* 223.)

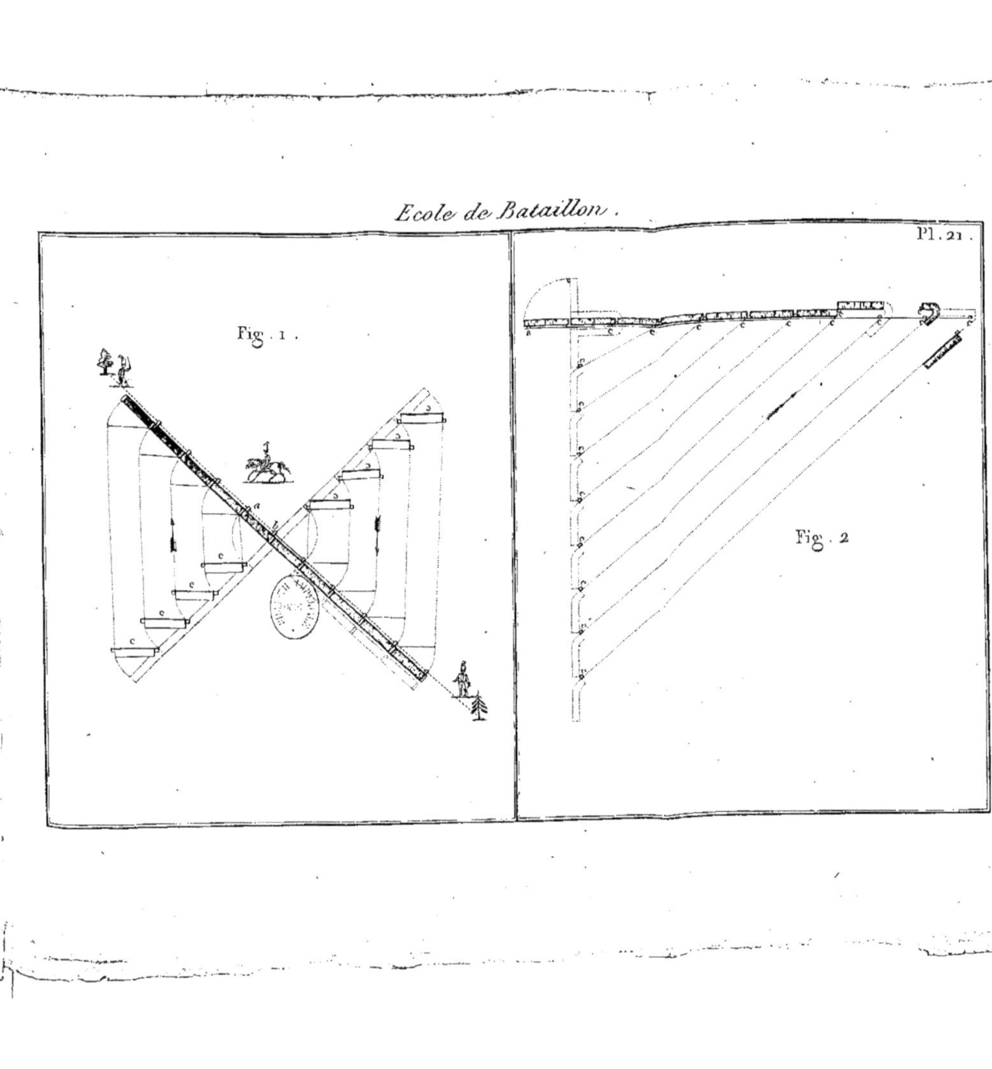
Fig. 1.
Fig. 2.

PLANCHE XXII.

FIGURE 1re,

Représente un bataillon en bataille, exécutant un changement de front en arrière, par le flanc des pelotons, sur le peloton de gauche qui a été établi d'avance sur la nouvelle ligne de bataille, par une conversion à droite, contre les deux jalonneurs (a, b).

(*Voyez* l'Ecole de bataillon, *page* 225.)

FIGURE 2,

Représente un bataillon en bataille, exécutant un changement de front central, l'aile droite en avant, sur le cinquième peloton qui a été établi d'avance sur la nouvelle ligne de bataille, par une conversion à gauche, contre les deux jalonneurs (a, b). On voit les pelotons de gauche qui se portent sur la nouvelle ligne par leur flanc.

(*Voyez* l'Ecole de bataillon, *page* 225.)

Ecole de Bataillon.
Pl.22.
Fig. 1
Fig. 2

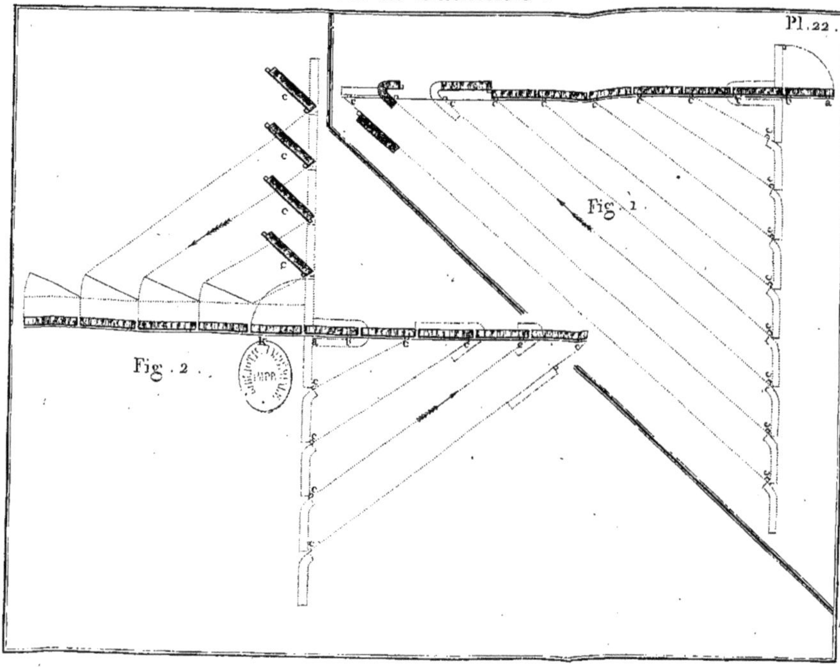

PLANCHE XXIII.

FIGURE 1re,

Représente un bataillon marchant en bataille par le premier rang; les quatrième et cinquième pelotons rencontrent un obstacle; on les voit exécuter le passage, et se remettre ensuite en ligne.

(*Voyez* l'Ecole de bataillon, *page* 234, n° 488 et suiv.)

FIGURE 2,

Représente le même bataillon marchant en bataille par le premier rang, rencontrant un obstacle qui couvre les quatre pelotons de gauche. On voit ces pelotons déboîter et se porter par leur flanc droit en colonne derrière le sixième peloton, et après avoir dépassé l'obstacle, se reporter en ligne par le mouvement prescrit pour se former en avant en bataille.

(*Voyez* l'Ecole de bataillon, *page* 236, n° 496 et suiv.)

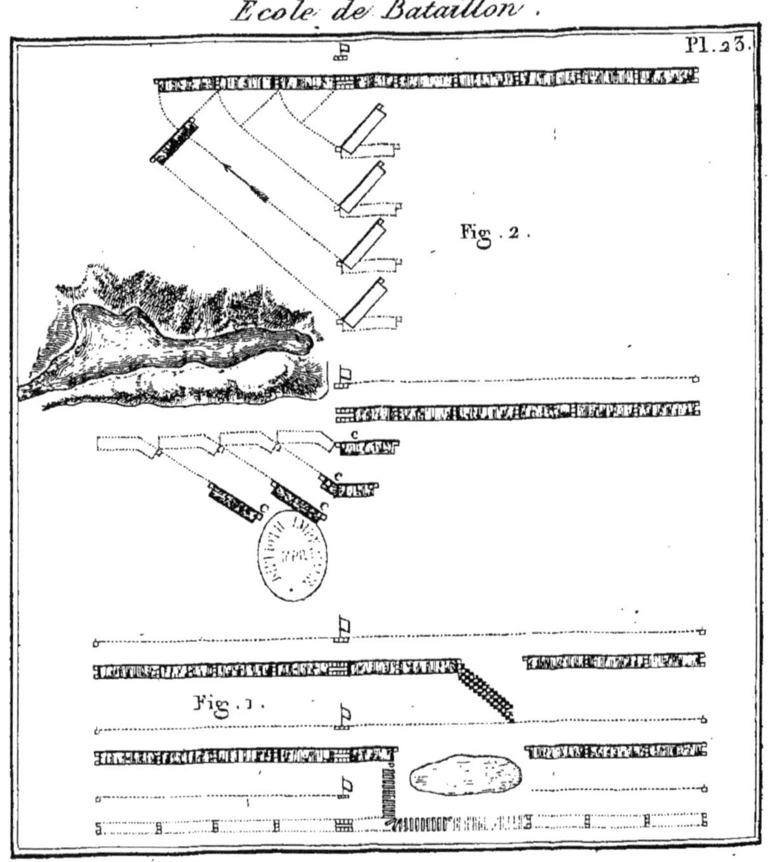
Pl. 23.
Fig. 2.
Fig. 1.
C
C
C
C

PLANCHE XXIV.

FIGURE 1re,

Représente un bataillon en bataille, exécutant le passage du défilé en retraite, par l'aile droite.

(*Voyez* l'Ecole de bataillon , *page* 246 ; n° 651 et suiv.)

FIGURE 2,

Représente un bataillon, rompu en colonne par division, à distance de peloton, la gauche en tête, ouvrant ses divisions pour défiler par le centre, la droite en tête.

(*Voyez* l'Ecole de légion , *page* 322.)

Ecole de Bataillon.
Pl. 24.
Fig. 1.
Fig. 2.

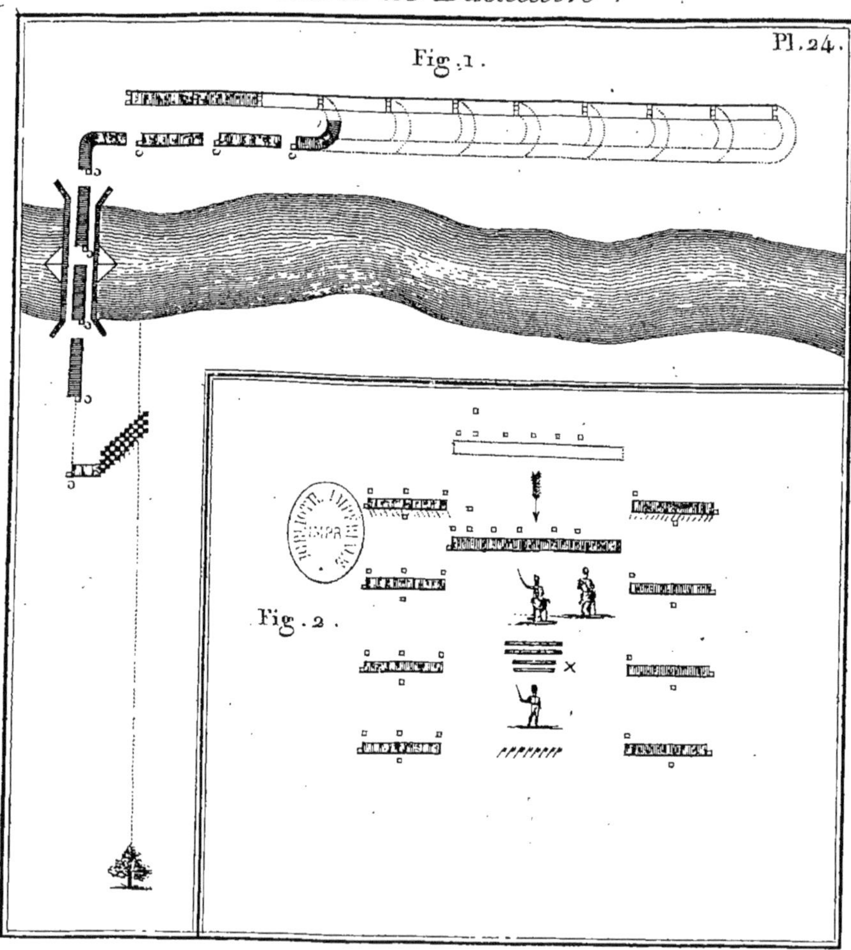

PLANCHE XXV.

FIGURE 1re,

Représente un bataillon en bataille, qui après avoir rompu par division à droite, serre à distance de peloton sur la première division, et se forme ensuite en carré sur la droite, parallèlement et en avant de sa ligne de bataille.

(*Voyez l'Ecole de bataillon*, *page* 250.)

FIGURE 2,

Représente un bataillon en bataille, qui après avoir rompu par division à gauche, serre à distance de peloton sur la dernière division, et se forme ensuite en carré, sur la gauche, parallèlement et en avant de sa ligne de bataille.

(*Voyez l'Ecole de bataillon*, *page* 251.)

FIGURE 3,

Représente un bataillon en bataille, qui après avoir rompu par division en arrière à droite, serre à distance de peloton, sur la première division, et se forme ensuite en carré sur la droite, parallèlement et en arrière de sa ligne de bataille.

(*Voyez l'Ecole de bataillon*, *page* 253.)

FIGURE 4.

Représente un bataillon en bataille, qui après

(56)

avoir rompu par division en arrière à gauche,
*serre à distance de peloton, sur la dernière
division, et se forme ensuite en carré, sur la
gauche parallèlement, et en arrière de sa ligne
de bataille.*

(*Voyez* l'Ecole de bataillon, *page* 253.)

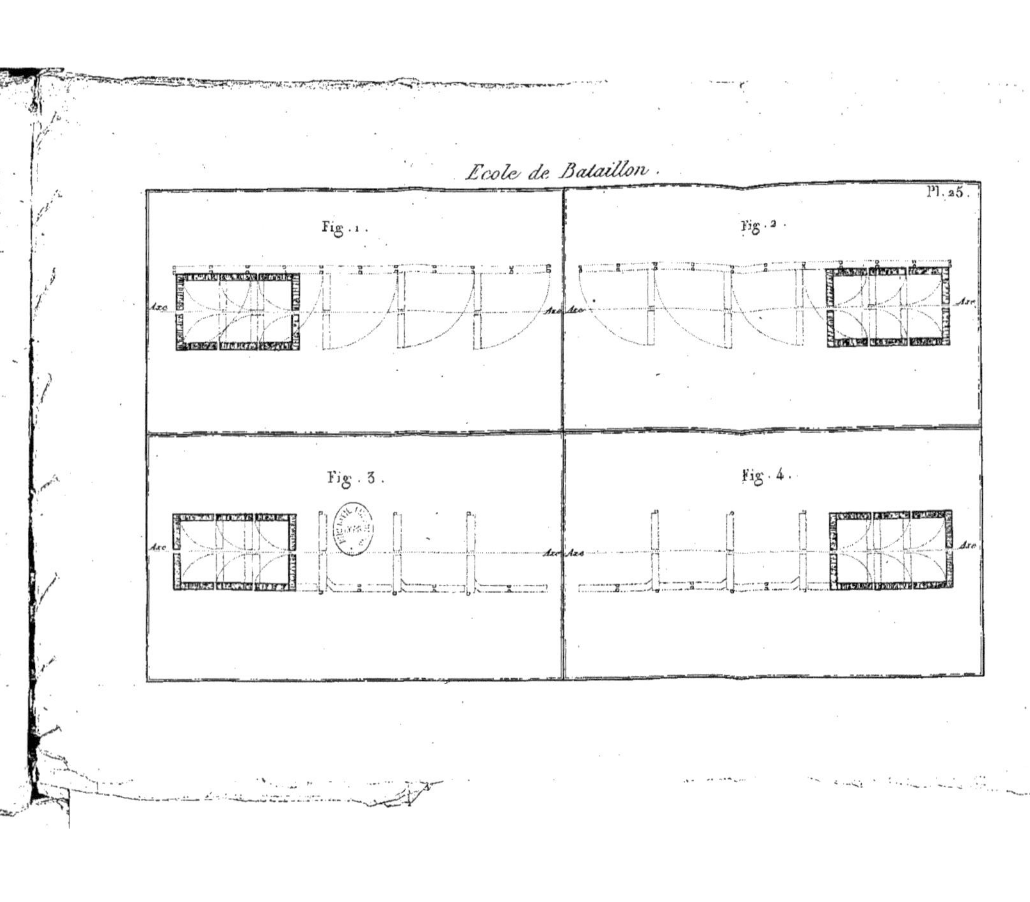
Fig. 1.
Fig. 2.
Fig. 3.
Fig. 4.
Axe
Axe

PLANCHE XXVI.

FIGURE 1re,

Représente un bataillon en bataille, qui après s'être ployé en avant en colonne par division, à distance de peloton, sur la première division, se forme ensuite en carré sur la droite, perpendiculairement et en avant de sa ligne de bataille.

(*Voyez* l'Ecole de bataillon, *page* 254).

FIGURE 2,

Représente un bataillon en bataille, qui après s'être ployé en avant en colonne par division, à distance de peloton, sur la dernière division, se forme ensuite en carré sur la gauche, perpendiculairement et en avant de sa ligne de bataille.

(*Voyez* l'Ecole de bataillon, *page* 254.)

FIGURE 3.

Représente un bataillon en bataille, qui après s'être ployé en arrière en colonne par division, à distance de peloton, sur la première division, se forme ensuite en carré sur la droite, perpendiculairement et en arrière de sa ligne de bataille.

(*Voyez* l'Ecole de bataillon, *page* 255.)

FIGURE 4.

Représente un bataillon en bataille, qui après

s'être *ployé* en arrière en colonne par division, *à distance de peloton sur la dernière division, se forme ensuite en carré, sur la gauche, perpendiculairement et en arrière de sa ligne de bataille.*

(*Voyez* l'Ecole de bataillon, *page* 256.)

Pl. 26.

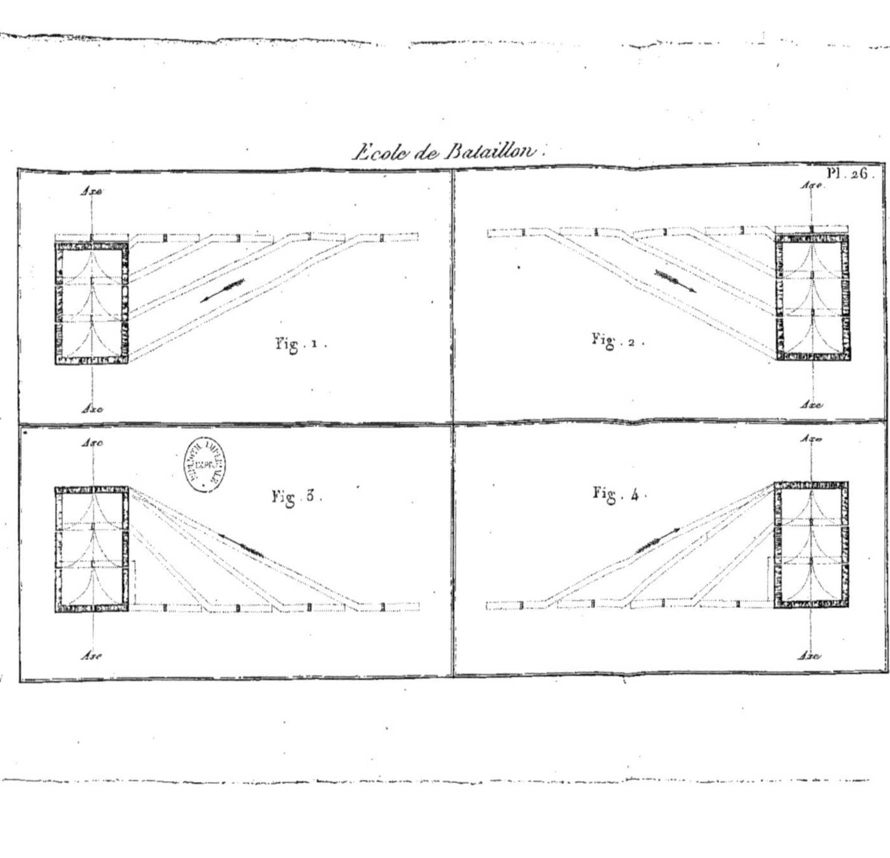

PLANCHE XXVII.

FIGURE 1re.

Représente une légion de quatre bataillons de dix pelotons chaque, dans l'ordre de bataille.

(*Voyez* l'Ecole de légion, *page* 260, et celle de bataillon, *page* 110.)

FIGURE 2,

Représente une légion de quatre bataillons de six pelotons chaque, dans l'ordre de bataille.

(*Voyez* l'Ecole de légion, *page* 260, et celle de bataillon, *page* 110).

Explication de la planche XXVII.

Le chef de légion, le lieutenant-colonel placé à sa droite, et le major placé à la gauche du chef de légion, tous trois à cheval, à trente pas en arrière du rang des serre-files vis-à-vis le centre de l'intervalle qui sépare les deuxième et troisième bataillons de la légion.

Chaque chef de bataillon à cheval, à vingt pas en arrière du rang des serre-files, vis-à-vis la file du drapeau.

L'adjudant-major de chaque bataillon, à huit pas en arrière des serre-files, vis-à-vis le centre du demi-bataillon de droite.

L'adjudant de chaque bataillon, à huit pas en arrière des serre-files, vis-à-vis le centre du demi-bataillon de gauche.

Le capitaine à la droite de son peloton au premier rang, le premier sergent derrière lui au troisième rang, le sous-lieutenant derrière le centre de la première section, le troisième et le quatrième sergens placés à sa droite et à sa gauche, le fourrier à la garde du drapeau.

Le sergent-major derrière la droite de la seconde section, le lieutenant derrière le centre de la même section, le second sergent derrière la gauche, tous les serre-files à deux pas du dernier rang.

Dans le peloton de l'aile gauche, le second sergent est placé à la gauche du premier rang du bataillon, ayant derrière lui un caporal au troisième rang.

Le drapeau et sa garde placée au deuxième bataillon (1) à la gauche du sixième peloton dans les bataillons de dix pelotons et à la gauche du troisième dans ceux de six pelotons.

Les tambours de chaque bataillon, à quinze pas derrière le premier peloton du demi-bataillon de gauche.

Le tambour-major à la tête des tambours du premier bataillon, et les tambours-maîtres à la tête des tambours de leur bataillon.

Les musiciens à deux pas derrière les tambours du premier bataillon.

____

(1) Dans les autres bataillons, ce sont des fanions qui figurent comme drapeaux.

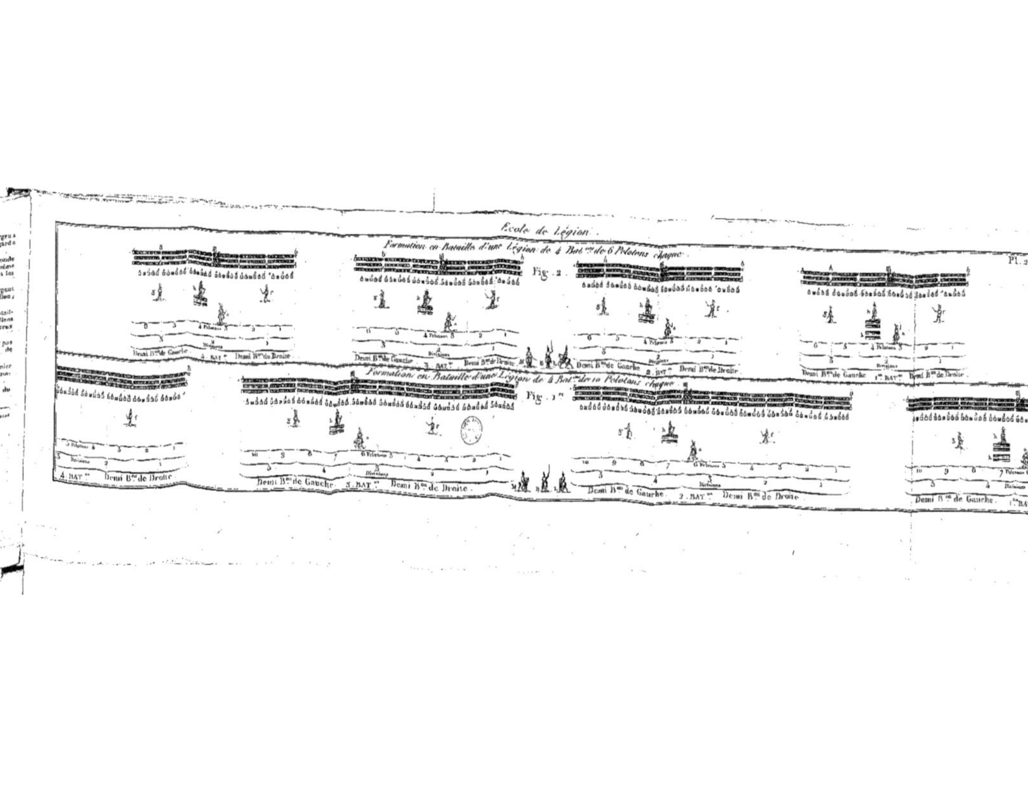

Ecole de Légion.
Formation en Bataille d'une Légion de 4 Bataillons de 6 Pelotons chaque.
Fig. 2
Pl. 27
Demi B.on de Gauche
Demi B.on de Droite
2. BAT.on
3. BAT.on
Formation en Bataille d'une Légion de 4 Bataillons de 10 Pelotons chaque.
Fig. 3.me
4. BAT.on
5. BAT.on
Demi B.on de Droite
Demi B.on de Gauche
1.er BAT.on

PLANCHE XXVIII.

FIGURE 1re,

Représente une colonne de quatre bataillons avec distance entière, la droite en tête, arrivant par derrière la droite de la ligne, et se formant en avant en bataille sur le premier peloton du premier bataillon.

(*Voyez* l'Ecole de légion, *page* 280, n° 157 et suiv.)

Nota. On a représenté dans cette figure la ligne de bataille deux fois, pour montrer comment le chef de légion (*k*) doit se placer pour établir les deux officiers (*a* et *b*) sur cette ligne avant de faire commencer le mouvement; et les moyens que ces officiers doivent employer pendant l'exécution du mouvement pour jalonner la ligne, conformément à ce qui est prescrit dans l'école de légion, n° 167.

On voit que le premier bataillon s'est formé en avant en bataille, par les moyens prescrits dans l'école de bataillon, n° 355 et suivans.

Les bataillons suivans ont déboîté diagonalement à gauche, et se sont dirigés ensuite vers l'officier placé sur la ligne au point où ils doivent appuyer leur droite, en observant d'y arriver à-peu-près perpendiculairement à cette ligne.

On voit le second bataillon déjà formé en bataille, le troisième près d'achever son mouvement, le quatrième arrivé près de son adjudant-major (*d*), qui a remplacé sur la ligne de bataille l'officier (*a*) qui avoit servi de point de direction à ce bataillon.

Le chef de légion (*k*) dirigé de la droite les guides généraux du premier bataillon sur le point de gauche (*f*).

FIGURE 2,

Représente une colonne de quatre bataillons avec distance entière, la droite en tête, arrivant devant la droite de la ligne, et se formant face en arrière en bataille sur le premier peloton du premier bataillon.

(*Voyez* l'École de légion, *page* 283, n° 175 et suiv.)

Nota. On voit les officiers à cheval qui jalonnent la ligne comme dans la figure précédente, et le chef de légion (*k*), dirigeant de même les guides généraux du premier bataillon sur le point de gauche (*f*).

Le premier bataillon s'est formé face en arrière en bataille par les moyens prescrits dans l'École de bataillon, n° 374 et suivans. Tous les autres bataillons ont déboîté diagonalement à droite, et se sont dirigés ensuite vers l'officier placé sur la ligne de bataille, au point où ils doivent y appuyer leur droite ; la tête de chaque bataillon prend une nouvelle direction à environ distance de bataillon de l'officier placé sur cette ligne, de manière à y arriver à-peu-près perpendiculairement.

On voit que le second bataillon est près d'achever son mouvement, que le troisième est arrivé près de son adjudant-major (*d*), qui a remplacé l'officier sur lequel ce bataillon s'étoit dirigé : le quatrième bataillon est encore en chemin pour arriver.

Ecole de Légion.

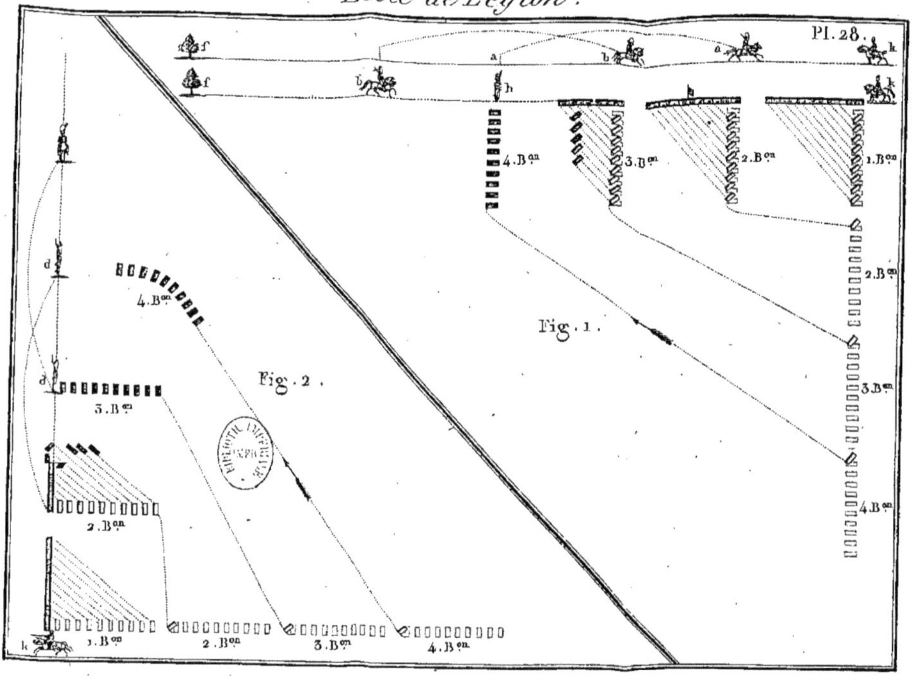

Pl. 28.

Fig. 1.

Fig. 2.

4.B^on 3.B^on 2.B^on 1.B^on

2.B^on

3.B^on

4.B^on

4.B^on

3.B^on

2.B^on

1.B^on 2.B^on 3.B^on 4.B^on

PLANCHE XXIX.

FIGURE 1re,

Représente une colonne de quatre bataillons avec distance entière, la droite en tête, se formant en bataille sur le dixième peloton du deuxième bataillon, face en avant.

(*Voyez* l'Ecole de légion, *page* 285, n° 184 et suiv.)

Nota. Toute la portion de la colonne qui précède le peloton désigné pour base d'alignement, a exécuté la contre-marche.

Le deuxième bataillon s'est formé face en arrière en bataille sur son dixième peloton, par les moyens prescrits dans l'Ecole de bataillon, n° 374 et suivans : le premier bataillon a déboité diagonalement à gauche, et se dirige de manière à arriver perpendiculairement devant la gauche de son terrain, où il se forme, de même face en arrière en bataille ; et est près d'achever son mouvement.

Le troisième bataillon s'est formé en avant en bataille sur son premier peloton, qui s'est porté d'avance par le flanc gauche sur l'alignement du dixième peloton du deuxième bataillon, à huit toises de ce peloton.

Le quatrième bataillon a déboité diagonalement à gauche, et s'est dirigé de manière à arriver à-peu-près perpendiculairement derrière la droite de son terrain, où il se forme de même en avant en bataille ; ce bataillon est près d'achever son mouvement.

FIGURE 2,

Représente une colonne de quatre bataillons avec distance entière, la droite en tête, arrivant par derrière la ligne de bataille, et se prolongeant sur cette ligne ; la colonne a été arrêtée à l'instant où le cinquième peloton du deuxième bataillon est arrivé sur la nouvelle direction.

(*Voyez l'Ecole de légion, page 287, n° 202 et suiv.*)

Nota. On a représenté dans cette figure la ligne de bataille deux fois, pour faire voir, par la première représentation, la marche des guides généraux sur la ligne de bataille, et celle de la colonne à quatre pas en-dedans des guides généraux; et par la seconde, la formation en bataille.

On voit que la portion de la colonne qui est entrée sur la nouvelle direction, se forme à gauche en bataille; le sixième peloton du deuxième bataillon se porte droit en avant pour aller se placer sur la ligne; les quatre derniers pelotons de ce bataillon, ainsi que le troisième bataillon en entier exécutent un demi-quart de conversion à gauche pour se former en avant en bataille; le quatrième bataillon déboîte diagonalement à gauche, et se dirige vers le point où devra appuyer sa droite.

FIGURE 3,

Représente la même colonne qui, au lieu d'arriver par derrière, arrive par devant la ligne de bataille : le mouvement est le même que dans la figure 2, excepté que les pelotons et bataillons qui ne sont pas entrés sur la nouvelle direction, se forment face en arrière en bataille, ainsi que le fait voir le mouvement du troisième bataillon.

(*Voyez l'Ecole de légion, page 288, n° 206 et suiv.*)

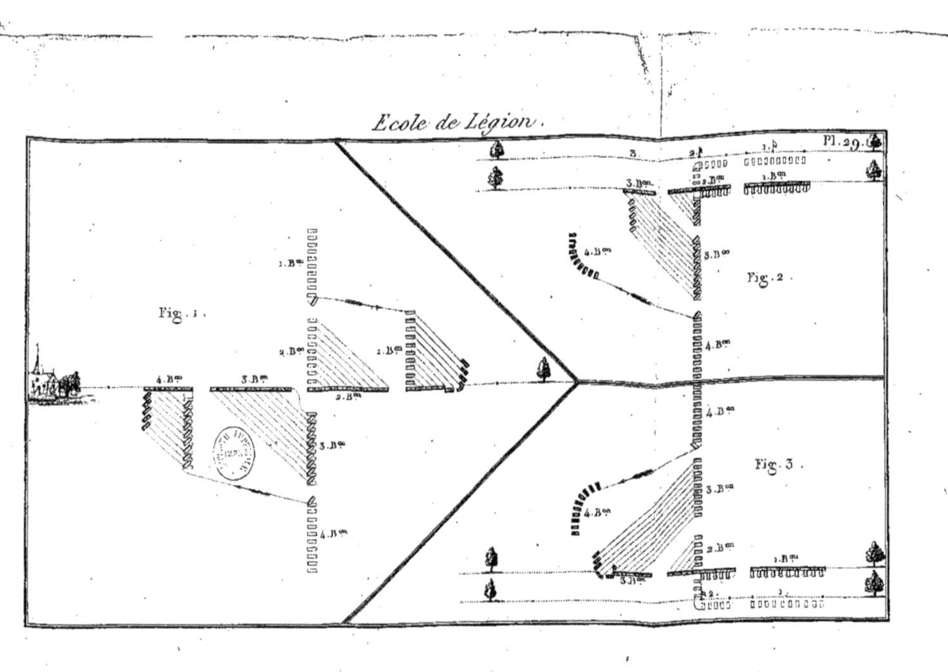

Ecole de Légion.
Pl. 29.
Fig. 1.
Fig. 2.
Fig. 3.
1.Bon
2.Bon
3.Bon
4.Bon

PLANCHE XXX.

FIGURE 1re,

Représente la manière de déterminer la ligne de bataille entre deux points donnés.

(*Voyez* l'Ecole de légion, *page* 274, n° 3o5 et suiv.)

FIGURE 2,

Représente une ligne de quatre bataillons, se ployant en colonne serrée sur la deuxième division du deuxième bataillon, la droite en téte.

(*Voyez* l'Ecole de légion, *p.* 292, n° 35 et suiv.)

Nota. (a) Représente les divisions en marche après avoir déboité; la cinquième division de chacun des bataillons de droite, la première division de chacun des bataillons de gauche, marchent le pas d'un pied, jusqu'à ce que les quatre autres divisions du bataillon soient arrivées à leur hauteur.

On voit en (b) les bataillons après que les divisions sont arrivées à même hauteur, se portant en masse par le flanc vers le point où ils doivent entrer dans la colonne.

Le petit rond qu'on voit placé à côté de la première file de la division de chaque bataillon qui doit entrer la première dans la colonne, représente l'adjudant-major chargé de la conduire vers le point où elle doit s'y porter.

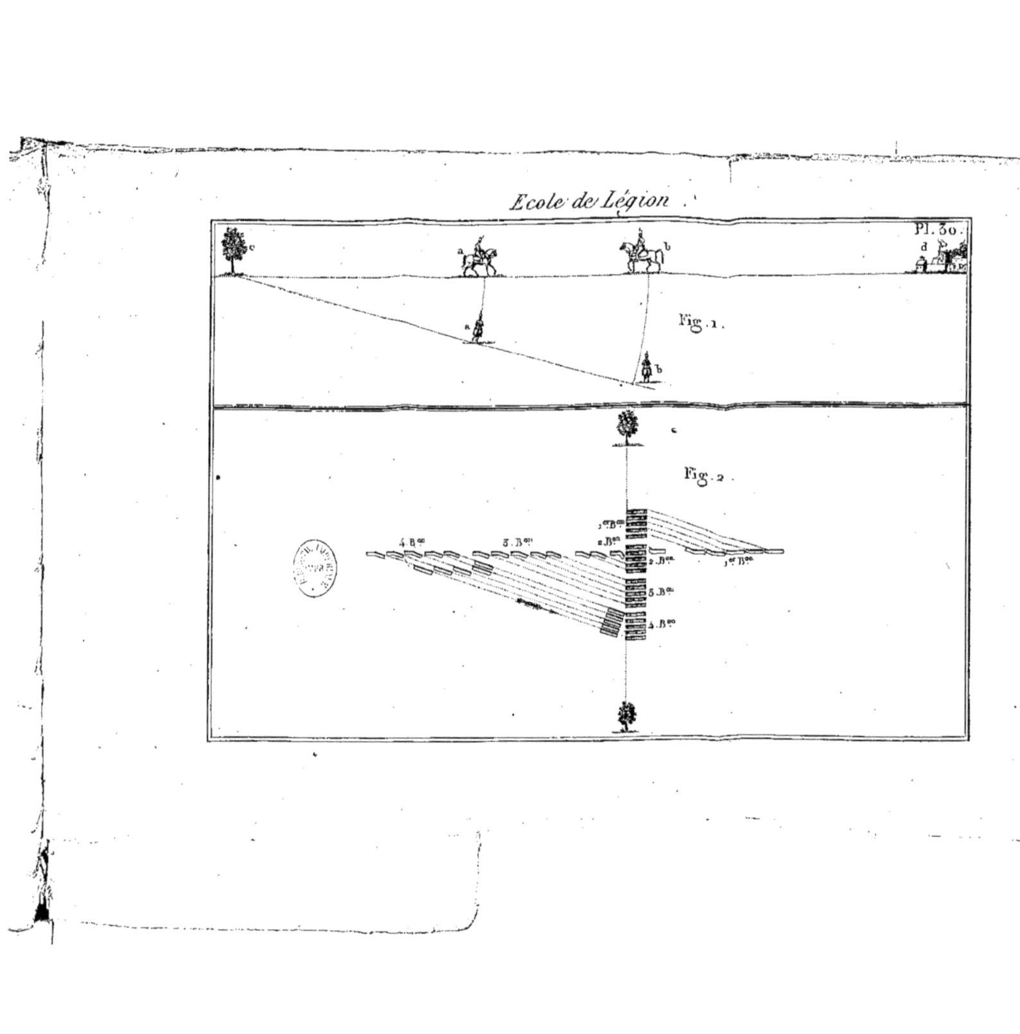

Pl. 30.
c
a
b
d
a
b
Fig. 1.
c
Fig. 2.
1.er B.on
2.B.on
2.B.on
3.B.on
4.B.on
1.er B.on
4.B.on
3.B.on

PLANCHE XXXI.

FIGURE 1ʳᵉ et 2,

La figure 1ʳᵉ représente une colonne de quatre bataillons, en masse par division, la droite en tête, devant se déployer par bataillon en masse sur le deuxième bataillon.

(*Voyez* l'Ecole de légion, *page* 302, n° 223 et suiv.)

Nota. La tête de la colonne a été arrêtée à deux pas de la ligne de bataille (A B); le chef de légion a fait placer ensuite deux jalonneurs (*e f*) sur cette ligne devant la gauche et la droite de la division de la tête.

Le premier bataillon a déployé par son flanc droit. Les troisième et quatrième bataillons ont déployé par leur flanc gauche. Le deuxième bataillon, après avoir été démasqué, s'est porté en avant contre les deux jalonneurs (*o f*) placés sur la ligne de bataille; les autres bataillons se sont portés de même, à mesure qu'ils ont été démasqués, sur l'alignement du deuxième bataillon.

La figure 2 représente les bataillons en masse sur la ligne (A B), avec un intervalle de six pas de l'un à l'autre.

FIGURE 3 et 4,

La figure 3 représente les bataillons en masse sur la même ligne avec six pas d'intervalle de l'un à l'autre, qui déploient sur la deuxième division du deuxième bataillon. Le chef de légion, avant de faire commencer le mouvement, a eu soin de faire placer deux jalonneurs devant la droite et la gauche de la deuxième division du deuxième bataillon.

'Les premier et troisième bataillons ont achevé de déployer ; le deuxième est arrivé sur son terrain, et a commencé son déploiement ; le quatrième est encore en masse, et sur le terrain où il doit déployer.

On voit que le premier bataillon déploie sur sa cinquième division ; les troisième et quatrième bataillons sur leur première division.

'La figure 4 représente la ligne qui a achevé son déploiement.

(*Voyez* l'Ecole de légion, *page* 3o5, n° 253 et suiv.)

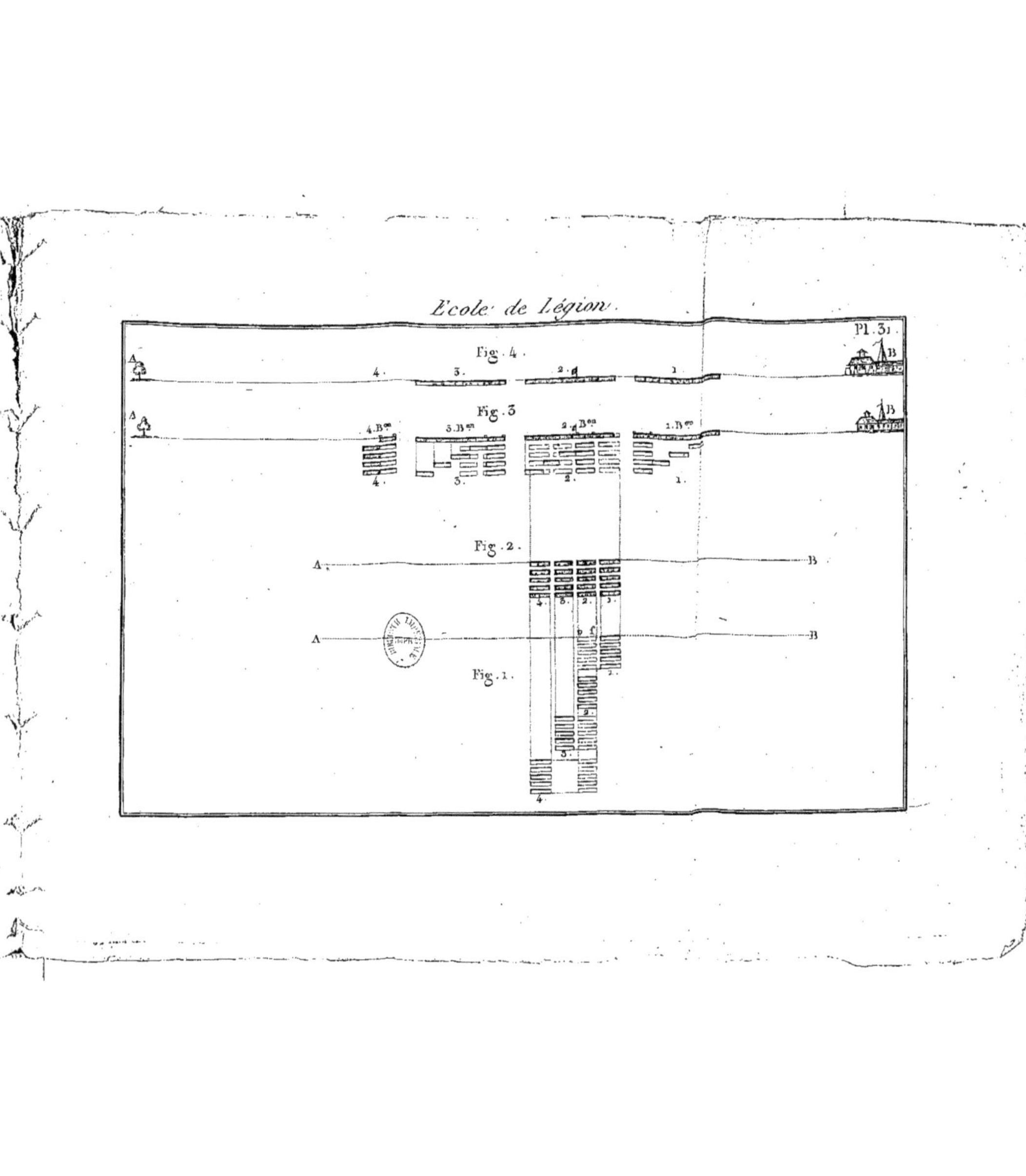

Ecole de Légion.
Pl. 3.
Fig. 4.
Fig. 3.
Fig. 2.
Fig. 1.

PLANCHE XXXII.

FIGURE 1re,

Représente une ligne de quatre bataillons en bataille, qui exécute un changement de front perpendiculaire en avant sur l'extrémité de l'aile droite.

(*Voyez* L'Ecole de légion, *page* 313, n° 465 et suiv.)

Le premier bataillon a exécuté son mouvement de pied ferme sur son peloton de droite. Les bataillons suivans ont déboîté diagonalement à gauche pour se porter vers la nouvelle ligne de bataille derrière la droite de leur terrain ; les deuxième et troisième bataillons sont déjà formés en ligne ; le quatrième se forme.

FIGURE 2.

Représente une ligne de quatre bataillons en bataille, qui exécute un changement de front perpendiculaire en arrière sur l'extrémité de l'aile droite.

(*Voyez* l'Ecole de légion, *page* 314, n° 471 et suiv.)

Le premier bataillon a exécuté un changement de front en arrière de pied ferme sur son premier peloton. Les bataillons suivans ont déboîté diagonalement à droite pour se porter vers la nouvelle ligne devant la droite de leur terrain. On voit les deuxième et troisième bataillons déjà formés en bataille, le quatrième est près de finir son mouvement.

Ecole de Légion.
Pl. 32.
Fig. 1.
Fig. 2.
4. B^on
3. B^on
2. B^on
1. B^on
4. B^on
3. B^on
2. B^on
1. B^on
4. B^on
3. B^on
2. B^on
1. B^on

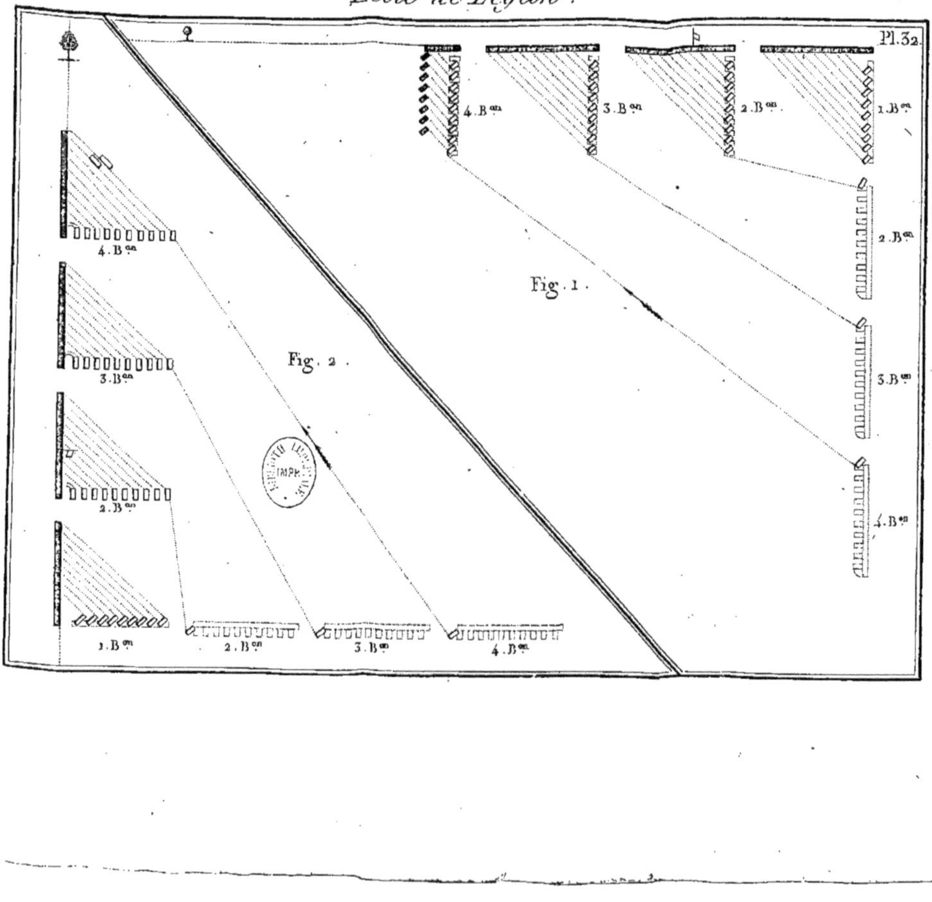

Re

(

]
me
pie
bat
sur
dir
Le
po
la g
en
boi
lig.
for

PLANCHE XXXIII.

FIGURE 1re,

Représente une ligne de quatre bataillons en bataille, qui exécute un changement de front perpendiculaire et central, l'aile gauche en avant, sur le peloton de droite du troisième bataillon.

(*Voyez* l'Ecole de légion , *page* 316, n° 431 et suiv.)

Le troisième bataillon , sur lequel se fait le mouvement, a exécuté un changement de front en avant de pied ferme sur son peloton de droite. Le deuxième bataillon a exécuté un changement de front en arrière sur son dixième peloton qui a été placé d'avance sur la direction du peloton de droite du troisième bataillon. Le premier bataillon a déboîté diagonalement à gauche pour se porter vers la nouvelle ligne de bataille devant la gauche de son terrain où il se forme face *en arrière* en bataille. Le quatrième bataillon a également déboîté diagonalement à gauche, et s'est porté vers la ligne de bataille derrière la droite de son terrain, et s'y forme *en avant en bataille.*

Ecole de Légion.
Pl. 35.
1. B^on
2. B^on
3. B^on
4. B^on
1
2
3
4

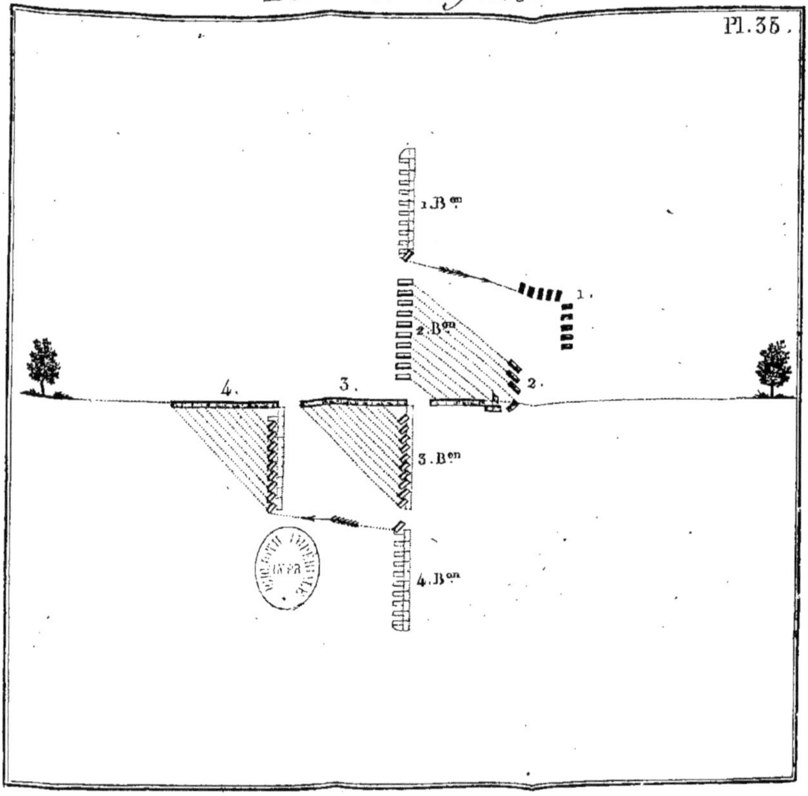

PLANCHE XXXIV.

Représente la décomposition du fusil et du sabre portant des lettres de renvoi au tableau synoptique, lequel fait connoître le nom propre de chaque pièce.

(*Voyez la* 3e *partie*, *chapitre* 3 , *Nomenclature des pièces du fusil.*)

Decomposition du Fusil et du Sabre.
Pl. 34.
Plaque de Couche
Bois
Crosse
Interieur de la Platine
Canon
Baguette
Fourreau de Bayonnette
Sabre Briquet de l'An 11
Bayonnette
Battant
Fourreau
Soie
Grenadiere du Fusil de Voltig
Demi Capucine
Grenadiere
Embouchoir
Sous-garde, Modele de 1777
Pontet
Ecusson

PLANCHE XXXV.

Représente la décomposition de la platine du fusil, avec des lettres de renvoi au tableau synoptique, placé à la fin de cet ouvrage, lequel tableau fait connoître le nom propre de chaque pièce.

(Pour plus d'intelligence, voyez la nomenclature des pièces du fusil, 3e *partie, chapitre* 3.)

Decomposition de la platine de Fusil.

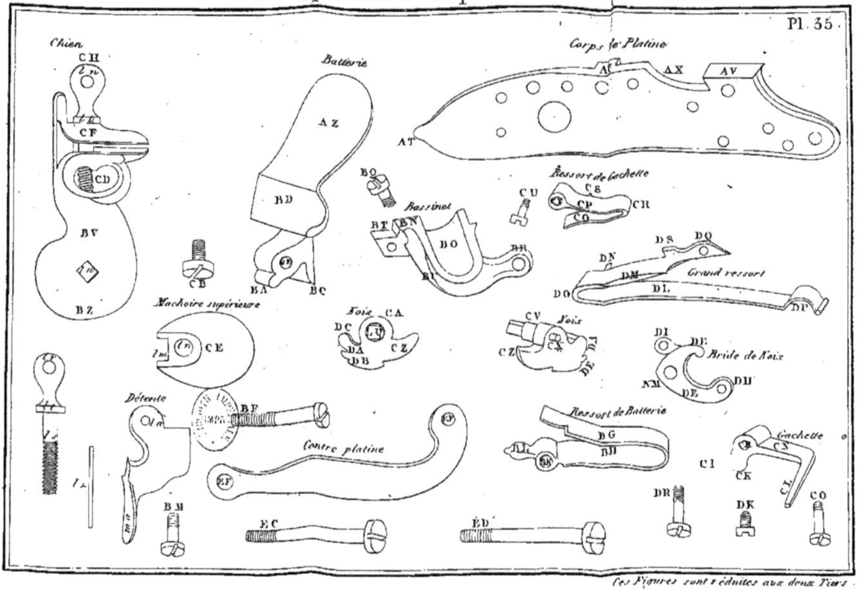

Pl. 35.

PLANCHE XXXVI.

Représente les objets de grand équipement, portant des lettres de renvoi au tableau synoptique placé à la fin de cet ouvrage, indiquant la désignation de chaque partie et de chaque pièce.

PLANCHE XXXVII.

Représente les objets de petite monture et les pièces qui servent à démonter et à remonter le fusil; les lettres servent de renvoi au tableau synoptique placé à la fin de cet ouvrage.

Objets de grand Equipement.

Pl. 36

Giberne — Giberne — Patience — Coffret — Bretelle — Dragonne — Banderolle — Baudrier

Objets de petite monture.

Pl. 37

Epinglette — Monte-ressort Fig. 1 — Monte-ressort Fig. 3 — Fig. 16 — Demi-Boucle — Pierre vue en dessous — Pierre vue en dessus — Demi-Boucle — Tire-balle — Tourne-vis — Plomb de la Pierre

Les objets de petite monture sont réduits aux deux Tiers.

NUMÉROS DES PLANCHES du Guide des Gardes nationales.	NUMÉROS DES PLANCHES du Règlement, du 1er août 1791.
Planches Ire et 1re *bis*.	Planches 3.
II.	2.
III et III *bis*.	4.
IV.	6.
V et V *bis*.	5.
VI.	»
VII.	7.
VIII.	8.
IX.	9.
X.	1re.
XI.	19.
XII.	10.
XIII.	14 et 13.
XIV.	17.
XV.	18.
XVI.	11.
XVII.	15.
XVIII.	16.
XIX.	26.
XX.	24.
XXI.	25.
XXII.	»
XXIII.	21.
XXIV.	»
XXV.	»
XXVI.	»
XXVII.	»
XXVIII.	28.
XXIX.	29.
XXX.	27 et 16.
XXXI.	30.
XXXII.	34.
XXXIII.	35.
XXXIV.	»
XXXV.	»
XXXVI.	»
XXXVII.	»

dans le vieux calendrier dont Gruter a publié le fragment pag. 133. Tom. I.

Les dates que j'indique des événemens qui se sont passés dans cet intervalle, sont toutes fondées sur la progression des jours indiqués par lui même, & dont j'ai fait usage dans mes observations ci - jointes. (I) Curion dans la harangue qu'il adressa aux soldats, pour appaiser leurs inquiétudes en Afrique, dit expressément en parlant de ces exploits militaires, que César avoit mis en fuite deux armées, vaincu deux Généraux, & soumis deux provinces, & tout cela dans l'espace de quarante jours, après être venu en présence de l'Ennemi. Il est évident que Curion ne parle que du temps, que César employa à sa guerre contre Afranius: parceque celle-ci étant terminée, il resta bien encore quarante & un jours en Espagne; mais il n'eut besoin que d'un manifeste pour se rendre maitre de la Bétique & de toute la Province.